LIDERANÇA
e Gestão de Pessoas
no **Agronegócio**

Santiago Franco Jaramillo

Executivo do Agro, CEO da Cibra e palestrante

LIDERANÇA
e Gestão de Pessoas
no Agronegócio

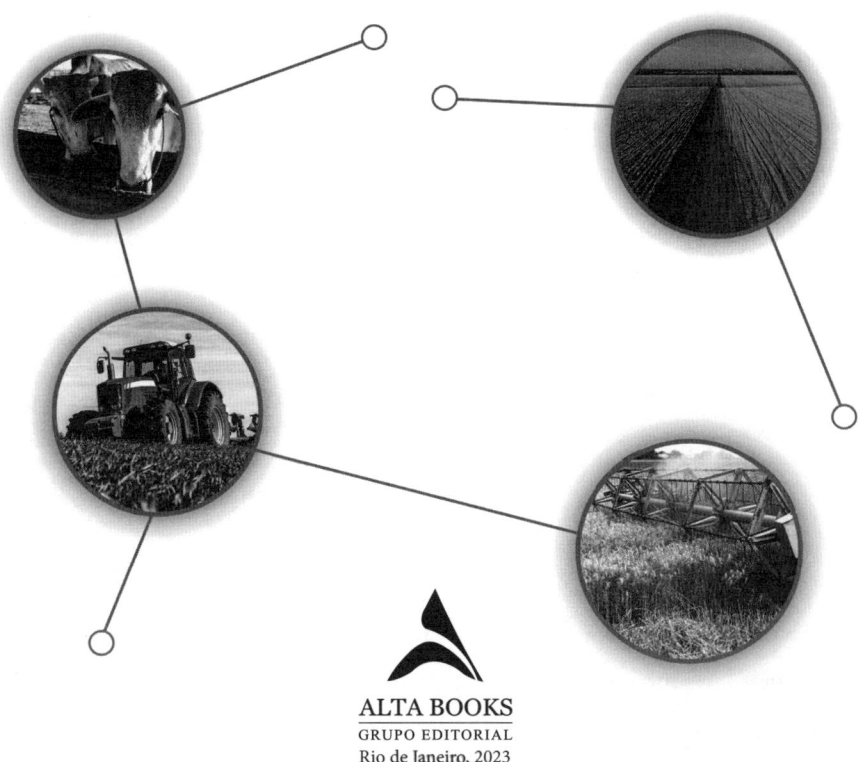

ALTA BOOKS
GRUPO EDITORIAL
Rio de Janeiro, 2023

Liderança e Gestão de Pessoas no Agronegócio

Copyright © 2023 da Starlin Alta Editora e Consultoria Eireli.
ISBN: 978-85-508-2139-9

Impresso no Brasil — 1ª Edição, 2023 — Edição revisada conforme o Acordo Ortográfico da Língua Portuguesa de 2009.

Dados Internacionais de Catalogação na Publicação (CIP) de acordo com ISBD

J371 Jaramillo, Santiago Franco

Liderança e Gestão de Pessoas no Agronegócio: como a gestão focada em pessoas pode trazer resultados extraordinários para sua empresa / Santiago Franco Jaramillo. - Rio de Janeiro : Alta Books, 2023.
208 p. ; 15,7cm x 23cm.

Inclui bibliografia e índice.
ISBN: 978-85-508-2139-9

1. Administração. 2. Liderança. 3. Gestão de Pessoas. 4. Agronegócio. I. Título.

2023-1519
CDD 658.4092
CDU 65.012.41

Elaborado por Vagner Rodolfo da Silva - CRB-8/9410

Índice para catálogo sistemático:
1. Administração: Liderança 658.4092
2. Administração: Liderança 65.012.41

Todos os direitos estão reservados e protegidos por Lei. Nenhuma parte deste livro, sem autorização prévia por escrito da editora, poderá ser reproduzida ou transmitida. A violação dos Direitos Autorais é crime estabelecido na Lei nº 9.610/98 e com punição de acordo com o artigo 184 do Código Penal.

A editora não se responsabiliza pelo conteúdo da obra, formulada exclusivamente pelo(s) autor(es).

Marcas Registradas: Todos os termos mencionados e reconhecidos como Marca Registrada e/ou Comercial são de responsabilidade de seus proprietários. A editora informa não estar associada a nenhum produto e/ou fornecedor apresentado no livro.

Erratas e arquivos de apoio: No site da editora relatamos, com a devida correção, qualquer erro encontrado em nossos livros, bem como disponibilizamos arquivos de apoio se aplicáveis à obra em questão.

Acesse o site **www.altabooks.com.br** e procure pelo título do livro desejado para ter acesso às erratas, aos arquivos de apoio e/ou a outros conteúdos aplicáveis à obra.

Suporte Técnico: A obra é comercializada na forma em que está, sem direito a suporte técnico ou orientação pessoal/exclusiva ao leitor.

A editora não se responsabiliza pela manutenção, atualização e idioma dos sites referidos pelos autores nesta obra.

Produção Editorial
Grupo Editorial Alta Books

Diretor Editorial
Anderson Vieira
anderson.vieira@altabooks.com.br

Editor
José Ruggeri
j.ruggeri@altabooks.com.br

Gerência Comercial
Claudio Lima
claudio@altabooks.com.br

Gerência Marketing
Andréa Guatielло
andrea@altabooks.com.br

Coordenação Comercial
Thiago Biaggi

Coordenação de Eventos
Viviane Paiva
comercial@altabooks.com.br

Coordenação ADM/Finc.
Solange Souza

Coordenação Logística
Waldir Rodrigues

Gestão de Pessoas
Jairo Araújo

Direitos Autorais
Raquel Porto
rights@altabooks.com.br

Assistentes da Obra
Ana Clara Tambasco
Erick Brandão

Produtores Editoriais
Illysabelle Trajano
Maria de Lourdes Borges
Paulo Gomes
Thales Silva
Thiê Alves

Equipe Comercial
Adenir Gomes
Ana Claudia Lima
Andrea Riccelli
Daiana Costa
Everson Sete
Kaique Luiz
Luana Santos
Maira Conceição
Nathasha Sales
Pablo Frazão

Equipe Editorial
Andreza Moraes
Beatriz de Assis
Beatriz Frohe
Betânia Santos
Brenda Rodrigues
Caroline David
Elton Manhães
Gabriela Paiva
Gabriela Nataly
Henrique Waldez
Isabella Gibara
Karolayne Alves
Kelry Oliveira
Lorrahn Candido
Luana Maura
Marcelli Ferreira
Mariana Portugal
Marlon Souza
Matheus Mello
Milena Soares
Patricia Silvestre
Viviane Corrêa
Yasmin Sayonara

Marketing Editorial
Amanda Mucci
Ana Paula Ferreira
Beatriz Martins
Ellen Nascimento
Livia Carvalho
Guilherme Nunes
Thiago Brito

Atuaram na edição desta obra:

Revisão Gramatical
Hellen Suzuki
Thamiris Leiroza

Diagramação
Rita Motta

Capa
Junior Santos

Editora afiliada à:

ASSOCIADO

ALTA BOOKS
GRUPO EDITORIAL

Rua Viúva Cláudio, 291 — Bairro Industrial do Jacaré
CEP: 20.970-031 — Rio de Janeiro (RJ)
Tels.: (21) 3278-8069 / 3278-8419
www.altabooks.com.br — altabooks@altabooks.com.br
Ouvidoria: ouvidoria@altabooks.com.br

Dedicatória

Dedico este livro aos meus filhos, Pablo e Manuela, à minha esposa, Adriana, e à minha falecida mãe, Maria Amélia.

Manu e Pablis: vocês são o motor da minha vida; tudo o que eu faço, faço por vocês.

Adry (amorcito): seu amor, sua dedicação e seus sacrifícios têm valido a pena.

Mélia: você nos deixou com o seu livro inconcluso, sem saber que eu escrevia o meu.

Agradecimentos

Antes de mais nada, agradeço à minha família, à minha esposa, Adriana, e aos meus Filhos, Pablo e Manuela. Vocês me dão um apoio incrível, sempre, não importa o meu momento ou o projeto em que eu esteja envolvido. Adriana foi a primeira pessoa que acreditou e até sugeriu o primeiro título para esta obra, "Passo a Passo"; enquanto Pablo e Manuela foram entusiastas do projeto desde o início e me fizeram sentir que escrever um livro é muito possível. Obrigado, amo vocês!

Devo também agradecer à editora Alta Books por ter acreditado no projeto e me proporcionado a oportunidade e os recursos editoriais necessários para a publicação deste meu primeiro livro. Muito obrigado.

Ao João Cordeiro, quem me abriu os olhos — me fez ver que eu tinha as condições e o conteúdo para encarar este desafio —, me mostrou o "caminho das pedras" e ainda me prestou colaboração agregando ao livro um conteúdo valiosíssimo para os leitores. Tudo isso sem esperar nada em troca. João, você faz parte desta obra.

À Carla Weisz, por ter me introduzido formalmente ao conceito de Cultura Corporativa, e por ter me aconselhado e orientado, como escritora. Os seus conselhos foram fundamentais.

Edu e Isa, sem vocês eu não teria escrito uma linha sequer. Agradeço pela paciência e calma, com um autor de primeira viagem, e pela disciplina. Graças a vocês, eu posso hoje ver o meu livro nas estantes das livrarias.

Ao Naresh, que, com a sua atitude calma e sem julgamentos, tem me permitido construir um time exemplar e crescer até ser a pessoa e o profissional que sou hoje; e por me permitir arriscar, fracassar, ser criativo, inovar e crescer os negócios da Cibra.

Ao Jorge, o líder inspirador, o meu modelo e mentor.

À Liliana e Cris, as minhas "Business Partners do RH" nos últimos 25 anos. Graças a vocês, eu pude desenvolver as minhas habilidades como líder e me tornar uma pessoa melhor.

Àquelas pessoas com quem trabalhei lado a lado, e que, passo a passo, me ensinaram e me ajudaram a crescer pessoal e profissionalmente, mostrando-me o que é e o que não é uma boa liderança. No início da minha carreira, o Ivan e o Álvaro. Ainda na Colômbia, na Abocol, Juan Fernando, Álvaro, Luís Eduardo, Maria Cristina, José Leopoldo, Jorginho, Jose Fernando, Jose Fabio, Mayito, Lucas, Lina, e muitos mais. Cheguei um menino e saí um profissional graças a vocês. Já no Brasil, na Cibra, José Leôncio, Andrés, Cícero, Celso, Débora, Gustavo, Rafa, Rapha, Frei, Kelly, Roberta, José Renato, e uma multidão de pessoas que me fazem crescer dia a dia. Eu, como líder, com os meus defeitos e virtudes, devo muito a vocês. Obrigado!

À minha mãe, aos meus irmãos, tios, primos, e especialmente aos meus avós pela influência tão positiva que tiveram na minha vida para ser a pessoa que sou hoje.

Aos leitores por investirem o seu precioso tempo e considerar as minhas ideias.

Muito obrigado!

Sumário

Apresentação 1
Prefácio 3
Introdução 5

PARTE 1: ONDE ESTAMOS E AONDE PODEMOS CHEGAR

1. O agronegócio hoje, suas perspectivas e do que precisamos para continuar crescendo 11
2. O papel fundamental da liderança e gestão de pessoas para as empresas do agronegócio continuarem crescendo 22

PARTE 2: CULTURA E LIDERANÇA

3. Por que falar de cultura de negócios em um livro de liderança e gestão de pessoas para o agribusiness? 33
4. Como criar uma cultura forte em sua empresa 40
5. Como cuidar da cultura no dia a dia de sua empresa 55
6. Case Cibra: Como crescemos acima do mercado por 10 anos? 64

PARTE 3: O LÍDER

7. O agrônomo que virou gestor de pessoas 75
8. As características de um bom líder 82

9. Como o bom líder decide 89
10. O líder comunicador 97
11. Desenvolvimento de lideranças: como se tornar um líder excelente 105

PARTE 4: GESTÃO DE EQUIPES DE ALTA PERFORMANCE E TRANSFORMAÇÃO ORGANIZACIONAL

12. A reestruturação na Cibra: um case de transformação organizacional 119
13. Equipes de alta performance: suas características e como construí-las 126
14. Planejamento e execução para líderes e equipes de alta performance 135
15. Inovação para líderes e equipes de alta performance 141
16. Gestão da mudança para líderes e equipes de alta performance 146
17. Internacionalização de empresas e gestão de pessoas: alguns fundamentos 154
18. Desenvolvimento de times de alta performance 161

PARTE 5: A EMPRESA HUMANIZADA E AS QUESTÕES SOCIOAMBIENTAIS (ESG)

19. Liderança, propósito e responsabilidade socioambiental 169
20. A prosperidade está nas empresas humanizadas 175

Conclusão 183
Notas 185
Índice 191

Apresentação

Quando se trata de liderança, há muitos livros no mercado, inúmeros vídeos no YouTube, artigos na internet, todo tipo de conteúdo nas redes sociais, e muitos profissionais especializados. Mas não havia, até agora, nada tão focado no agronegócio.

Trata-se de um trabalho que preencherá uma lacuna de conteúdo para uma área tão importante para a economia brasileira, como o agronegócio. Líderes e gestores têm muito a aprender com o CEO da Cibra.

Santiago uma vez me perguntou se eu o considerava qualificado para a tarefa de escrever um livro sobre liderança e gestão de pessoas, compartilhando sua experiência na área. Minha resposta foi: *Sim, claro.* Baseado em sua experiência e em suas conquistas, eu disse que ele estava qualificado para preparar um trabalho como o que você agora tem em mãos. Estou muito feliz que o livro esteja finalmente pronto.

Este livro apresenta várias histórias e casos da Cibra, uma empresa que começou pequena e, como qualquer pequena empresa, teve muitas dores de crescimento. Uma melhor gestão corporativa e o foco em pessoas ajudaram a Cibra a crescer e ganhar espaço e reconhecimento no mercado.

Além de uma formação acadêmica qualificada, Santiago tem sido um aprendiz a vida toda; acima de tudo, desenvolveu suas habilidades de liderança com a prática, a partir de experiências, dia após dia, muitas vezes enfrentando grandes dificuldades e tendo alguns reveses importantes. É parte dessa história que você lerá nas próximas páginas.

Você entenderá como uma organização pode se consolidar, como um líder deve liderar e como uma cultura corporativa pode ser construída e aceita, incorporada e verdadeiramente vivida pelos colaboradores diariamente.

Os líderes aprendem com a experiência, e será muito enriquecedor para você conhecer a trajetória profissional de Santiago e aprender com as diretrizes fornecidas por ele sobre liderança e gestão de pessoas.

Ao final da leitura, você também entenderá a importância de ter pessoas dedicadas em sua equipe, abertas a segui-lo nas direções que são apontadas.

Em minha carreira de mais de 40 anos como empreendedor, fui dono de 26 empresas, e em todas elas tentei fazer com que todos os funcionários se sentissem como membros da minha família. Como membro sênior dessa família, devo liderar e cuidar, não apenas do interesse corporativo, mas do interesse de todos os membros da família, e aí reside o segredo do sucesso.

Considero fundamental que, em uma empresa, as pessoas não sigam ordens, mas sigam seu propósito de vida enquanto trabalham.

Prepare-se para avançar nestes tópicos. E desfrute da leitura, do bom senso e da sabedoria de Santiago, um líder qualificado e uma pessoa comprometida em contribuir para o avanço do agronegócio brasileiro. Inspire-se nele e aprenda com suas experiências!

por **Naresh Kumar Vashisht**
CEO do grupo Omimex e acionista controlador da Cibra.

Prefácio

Já são 29 anos trabalhando no agronegócio brasileiro. Mais especificamente, desde 1993, quando assumi a diretoria de Produção e Operações da SLC Agrícola, produtora de soja, algodão e milho, além da criação de gado. Isso além da SLC Sementes, que produz e vende sementes de soja e algodão. Em dezembro de 2022, completo dez anos como CEO da empresa.

Minha trajetória profissional me permitiu ter contato, ao longo dos anos, com gestores de todos os perfis. Por isso, posso afirmar, sem medo, que líderes como o autor deste livro são raros.

Tive uma percepção muito positiva do Santiago assim que nos conhecemos. A sua gestão é focada nas pessoas, o que faz toda a diferença nos resultados e na forte posição de mercado da Cibra. Nenhuma empresa alcança a posição que a Cibra alcançou em tão pouco tempo sem uma liderança forte como a dele.

Assim como o Santiago, considero a gestão de pessoas e a liderança como pilares estratégicos para a perenidade das empresas. Não há como continuar crescendo e fazer grandes negócios no longo prazo sem uma ótima equipe, que tenha orgulho da empresa e do trabalho que faça.

Acredito que a boa gestão de pessoas aliada à criação de culturas corporativas consolidadas é fundamental para o desenvolvimento do agronegócio brasileiro. E será cada vez mais, à medida que o setor avança. A próxima revolução, que levará o nosso agronegócio para níveis muito acima dos atuais em termos de resultados, será baseada principalmente no investimento em pessoas e numa gestão muito mais profissional. Os próprios herdeiros e familiares das novas gerações que já trabalham, ou chegarão às companhias em breve, são, ou serão, bastante qualificados, o que é um sinal nesse sentido.

A formação universitária no agribusiness, ainda muito tecnicista, pouco ou nada ensina de gestão, mesmo nas instituições de ensino mais renomadas. Por isso é tão importante que os líderes de ontem, hoje e amanhã leiam este livro e busquem, a todo tempo, conhecimento a partir da experiência de profissionais vividos, estudiosos e dedicados como o Santiago.

A mensagem de engajamento, atenção às pessoas, foco na qualificação dos colaboradores e criação de uma cultura corporativa sólida, que você encontrará aqui nesta obra, mudará, para melhor, o seu modo de liderar.

Ao mergulhar nesta leitura, você encontrará inspiração a cada linha. Na minha avaliação, são muitos os destaques, como os capítulos sobre a construção de equipes de alta performance, a importância de ter metas, a formação do líder e a atenção às questões socioambientais, entre outros.

Como o Santiago nos mostra, ao cuidarmos cada vez melhor das pessoas, os processos e as tecnologias serão muito bem conduzidos nas empresas.

Sucesso para todos nós e boa leitura!

por **Aurélio Pavinato**
Diretor-presidente da SLC Agrícola S.A., agrônomo,
mestre em Ciência do Solo pela UFRGS e um dos autores do
livro *Histórias de Sucesso*, volume 8, publicado pela Global Partners.

Introdução

Escrever este livro é um desejo que está nos meus planos há mais de quatro anos, e nos meus sonhos desde a infância. Minha mãe, Maria Amélia, professora de filosofia, sempre falava do seu desejo de um dia ter um título publicado. "Ter um filho, plantar uma árvore e escrever um livro", falava ela, "é cumprir o nosso propósito na vida".

Essa frase me marcou. Ter um livro foi uma ideia que amadureci com o tempo. Fui evoluindo, ganhando experiência na minha carreira como líder e sentindo que não podia ficar com tantos aprendizados só para mim. Se eu podia ajudar outras pessoas e contribuir para abrir a cabeça mesmo que de um único gestor para novos modos de ver as coisas, por que não? Um único líder inspirado, e eu já estarei satisfeito, pois todo o esforço terá valido a pena.

Eu já vi a morte de perto três vezes, o que me faz querer cada vez mais compartilhar as coisas que sei. Ficar com tantos aprendizados só para mim seria egoísmo. A vida deve ter um sentido além da rotina, do dia a dia, do básico. Quero compartilhar aquilo que aprendi e também aprender com a experiência das outras pessoas.

Fico pensando no Santiago de 20 ou 30 anos atrás, e no quanto aquele jovem executivo teria aprendido se tivesse lido este livro.

E mais: nem todo mundo tem a sorte de ter bons gestores e de trabalhar em empresas nas quais é possível crescer na carreira e aprender as melhores práticas de liderança ao mesmo tempo. O debate que será apresentado nas páginas a seguir vem para preencher essa lacuna também.

Este livro é para você que atua como dono, empreendedor ou empresário, CEO, diretor, gerente, coordenador ou supervisor em empresas do agro e almeja chegar longe, crescer a sua companhia ou subir os degraus da carreira como colaborador. É para todos que estão à frente de equipes e desejam fazer com que seus times e empresas sejam cada vez melhores.

Desde já, convido você a buscar o equilíbrio a partir de um estilo de liderança humanizado, focado nas pessoas. Nesse sentido, gosto muito de me inspirar na natureza, no modo como tudo funciona de forma harmônica, cada um fazendo a sua parte. Vejo as empresas como ecossistemas, espaços nos quais as coisas devem fluir do mesmo modo, de forma equilibrada.

Ao longo deste trabalho, vamos refletir sobre o contexto atual e futuro do agronegócio brasileiro; a importância da liderança para a evolução do nosso setor; por que uma cultura organizacional forte, que coloque as pessoas como pilar estratégico, é vital para o fortalecimento de sua empresa. Contarei a trajetória de evolução da Cibra, a empresa que presido e transformamos através de um trabalho focado nas pessoas. Falarei sobre a minha jornada de crescimento como líder; o que faz um bom líder e como se constrói uma boa liderança; o que é uma comunicação efetiva; desenvolvimento de novos líderes; construção de equipes de alta performance; planejamento e execução; inovação; gestão da mudança; gestão de pessoas e internacionalização das empresas; desenvolvimento contínuo de times; propósito e responsabilidade socioambiental; e gestão humanizada de pessoas.

Quero mostrar a você por que vale a pena ter uma cultura organizacional forte na sua empresa. E como a ótima liderança pode ser um caminho profissional fascinante e com tantas oportunidades de transformar sua empresa e levá-la para patamares de crescimento inimagináveis.

Olho hoje para a minha trajetória e me dou conta de que fiz coisas que nunca imaginei que poderia fazer e obtive resultados extraordinários em meu trabalho.

Neste livro, compartilho com você tudo que sei acerca de liderança e de gestão de pessoas, de um jeito bem simples e sem tecnicismos. Torço, de verdade, para que você também evolua como pessoa e como líder.

Ao longo dos meses de preparação deste livro, me envolvi com muito entusiasmo. Garanto que aprendi muito também e espero que a nossa jornada, juntos, seja igualmente prazerosa para você. Confio no seu potencial para se tornar um excelente líder.

Boa leitura!

Santiago Franco

PARTE 1

ONDE ESTAMOS E AONDE PODEMOS CHEGAR

CAPÍTULO 1

O agronegócio hoje, suas perspectivas e do que precisamos para continuar crescendo

> *(...) em longo prazo, só crescerá quem investir nas pessoas e tiver uma equipe não só qualificada tecnicamente, mas motivada e engajada, que trabalhe feliz.*

Trabalhar no agribusiness não é para qualquer um! Precisamos de coragem, autoconfiança, resiliência e flexibilidade, se quisermos ter sucesso, pois lidamos todos os dias com muitos fatores de risco. Vivemos desafios que nós simplesmente não temos pleno controle. Investimos, por exemplo, no solo e não sabemos como será a colheita. Não é simples comprar as sementes, os fertilizantes, investir em maquinário e, depois, amargar eventuais prejuízos causados por uma estiagem ou excesso de chuvas. Além das questões climáticas, temos de lidar com a variação dos preços das commodities agrícolas, os custos de produção e as dificuldades de contratar mão de obra qualificada.

E diante de tantos desafios, por que trabalhamos no setor? Por que vale a pena sermos profissionais e líderes melhores? Para você que deseja no futuro estar à frente de uma equipe, por que quer ser líder numa área tão sensível? Há quatro motivos fundamentais.

Primeiro, trabalhamos num setor que é estratégico para a humanidade. Brinco dizendo que o desenho animado *Os Jetsons*, lançado em 1962, acertou muita coisa do que temos hoje em termos de tecnologia[1]. Já estavam lá, por exemplo, os relógios inteligentes, as chamadas de vídeo, as TVs de tela plana e os tablets. Mas sabe o que havia na animação e ainda não há paralelo na vida real? Aquelas cápsulas que, no prato, seriam capazes de substituir o que vem do campo. Pode até ser que a humanidade chegue a esse ponto, porém creio que levará muito tempo. Portanto, a produção de comida, que começa no campo, é absolutamente fundamental. E o agronegócio é responsável pela garantia da segurança alimentar humana. Graças ao desenvolvimento de tecnologias, que proporcionaram ganhos de produtividade, e ao aumento da produção de grãos e proteína animal no Brasil e em outras partes do mundo nas últimas décadas, reduzimos consideravelmente problemas de abastecimento, fome e desnutrição.

Em segundo lugar, o agronegócio proporciona segurança energética. Com o movimento mundial de mudança da matriz energética baseada, principalmente, na queima de combustíveis fósseis para fontes limpas de energia, os biocombustíveis, que já têm destaque no Brasil e em outros países, não demorarão a representar uma parcela de grande relevância no mercado de energia.

Uma outra razão é que o agronegócio é uma paixão. Costumo dizer que é como um bichinho que pica a gente: os efeitos não passam nunca mais. Lidando com o campo, temos a conexão com a natureza, vemos a renovação de ciclos de diversas espécies vegetais e animais e há uma relação mais calorosa, próxima e de confiança entre as pessoas. É fácil fazer amizades, o clima é mais informal em relação a outros segmentos da economia. Sempre fui muito bem recebido nas empresas do setor, assim como nas fazendas, onde todo mundo conversa e senta-se na mesa para fazer as refeições juntos. Para mim, é apaixonante trabalhar num contexto como esse.

Por fim, o Brasil é uma potência agrícola e temos muito potencial para seguir crescendo.

Nós, que atuamos no agribusiness, devemos nos orgulhar muito de tudo isso!

Alguns números do nosso setor

De acordo com cálculos do Centro de Estudos Avançados em Economia Aplicada (CEPEA), da Esalq/USP, em parceria com a Confederação da Agricultura e Pecuária do Brasil (CNA)[2], em 2021, o PIB do agronegócio brasileiro cresceu 8,36%, e a soma de bens e serviços gerados no agronegócio representou 27,4% do PIB brasileiro. Os segmentos primário e de insumos foram destaques em 2021: cresceram 17,52% e 52,63%, respectivamente. A agroindústria viu seus negócios aumentarem em 1,63% e o segmento de agrosserviços em 2,56%.

Comparando os ramos, o PIB do agrícola avançou 15,88% de 2020 para 2021 (um cenário no qual a soja se destaca, respondendo por R$1 de cada R$3,55 da produção de grãos no país[3]) e o PIB do pecuário recuou 8,95%, por conta do aumento significativo nos custos dos insumos. A produção de etanol é outro destaque de nosso agronegócio. Na safra 2019/2020, de acordo com a Companhia Nacional de Abastecimento (Conab), o Brasil atingiu a sua maior produção da história, com 35,6 bilhões de litros vindos da cana-de-açúcar e do milho[4].

No que se refere ao comércio internacional, 48% das exportações brasileiras, em 2020, foram de produtos do agronegócio. E isso não é tudo: a perspectiva é de que o número de países compradores e a diversidade de produtos exportados aumente nos próximos anos. Somos, atualmente, o maior exportador de açúcar, café, suco de laranja, soja em grãos, carnes de boi e frango. Nosso *share* mundial em soja, café, suco de laranja, açúcar, carne de frango e carne bovina é 50%, 33%, 75%, 36%, 32% e 24%, respectivamente[5].

No comparativo com outras nações, o Brasil é o quarto maior exportador mundial de produtos agropecuários, atrás da União Europeia, dos EUA e da China. Até outubro de 2021, o volume das exportações do agronegócio cresceu 20,6%[6]. Diante de tudo isso, o setor absorve um de cada três trabalhadores brasileiros[7].

É amplo o alcance do agronegócio, por isso somos tão fortes. Vamos do produtor rural às indústrias de transformação, logística, insumos e tecnologia, entre tantas outras. Na minha avaliação, um número cada vez maior de profissionais ou trabalham ou ainda trabalharão no agronegócio.

Sou colombiano e, em muitos países para os quais viajo, vejo expressões estranhas nos rostos de muita gente quando conto que lidero uma empresa de fertilizantes e conto sobre a estrutura e a grandeza do agronegócio brasileiro. As pessoas me olham como se eu, diretamente, lidasse com os excrementos de bois e vacas. No Brasil, felizmente, não é assim, já que existe um entendimento claro da população da enorme importância do setor.

Futuro promissor

Felizmente, é crescente o número de países que têm se desenvolvido economicamente com cada vez mais velocidade, o que significa mais gente passando a consumir mais, a comer melhor. Assim, as perspectivas para o agronegócio brasileiro são muito boas. Eu acredito que, independentemente de ciclos de preços de commodities no mercado internacional, temos pela frente um crescimento estrutural dos negócios para os nossos produtos agrícolas, porque há milhões e milhões de pessoas, em diferentes partes do mundo, que estão saindo da pobreza e melhorando suas condições de vida.

Segundo a OCDE[8]:

A população global em expansão continua sendo o principal motor do crescimento da demanda, embora os padrões de consumo e as tendências projetadas variem entre os países de acordo com seu nível de renda e desenvolvimento. A disponibilidade média per capita de alimentos deve atingir cerca de 3.000kcal e 85g de proteína por dia até 2029.

Há excelentes perspectivas para quem é provedor de matérias-primas, como vegetais e proteínas. A indústria brasileira de processamento de carne, por exemplo, impressiona pela tecnologia. Conforme informações da Associação Brasileira das Indústrias Exportadoras de Carnes (Abiec)[9], produzimos, anualmente, 10,32 milhões de toneladas de carne bovina. Desse total, 26,07% são negociados para todo o mundo. O Departamento de Agricultura dos Estados Unidos (USDA) afirma que seremos responsáveis por 29% das exportações mundiais de carne bovina em 2030[10]. A estimativa é de que o volume de exportações brasileiras do produto deve registrar uma alta de 41,8% nos próximos nove anos. Com isso, seguiremos como o principal exportador de carne bovina do mundo, seguidos pelos EUA, que deverá ter 11,4% do mercado.

O mesmo vale para a indústria têxtil, que começa no campo, com o plantio de algodão, por exemplo. Outro destaque fica por conta das indústrias de madeira e celulose, que, na minha avaliação, não param de crescer em qualidade e quantidade de produção.

Trago, a seguir, para você os principais resultados do estudo "Projeções do Agronegócio: Brasil 2019/2020 a 2029/2030 Projeções de Longo Prazo", feito pelo Ministério da Agricultura, Pecuária e Abastecimento (MAPA). Ele apresenta as projeções para o agronegócio brasileiro até 2029/2030.

Os produtos mais dinâmicos do agronegócio brasileiro deverão ser carne suína, soja em grão, algodão em pluma, celulose, milho, carne de frango e açúcar. Entre as frutas, os destaques são para a manga, melão e maçã. O mercado interno e a demanda internacional serão os principais fatores de crescimento para a maior parte desses produtos.

A produção de grãos deverá passar de 250,9 milhões de toneladas em 2019/2020 para 318,3 milhões de toneladas em 2029/2030. Isso indica um acréscimo de 67,4 milhões de toneladas à produção atual do Brasil. A área de grãos deve expandir-se dos atuais 65,5 milhões de hectares para 76,4 milhões de hectares em 2029/2030.

Esse avanço, entretanto, exigirá um esforço de crescimento que deve consistir em infraestrutura, investimento em pesquisa e financiamento. Essas estimativas são compatíveis com a expansão da produção de grãos nos últimos dez anos onde a produção cresceu 54,4% (CONAB, 2020).

A produção de carnes (bovina, suína e aves), entre 2019/2020 e 2029/2030, deverá aumentar em 6,7 milhões de toneladas. Representa um acréscimo de 23,8%.

O crescimento da produção agrícola no Brasil deve continuar ocorrendo com base na produtividade. Isso pode ser visto através de várias evidências. A produtividade total dos fatores (PTF) projetada até 2030 deve crescer à taxa anual média de 2,93%. Essa é um pouco mais baixa do que a média de períodos anteriores, mas pode ser considerada uma taxa elevada. Em grãos, esse fato é verificado ao observar que para os próximos dez anos, a produção está prevista crescer 26,9% e a área plantada, 16,7%.

A área total plantada com lavouras deve passar de 77,7 milhões de hectares em 2019/2020 para 88,2 milhões em 2029/2030. Essa expansão está concentrada em soja, mais 9,7 milhões de hectares, cana-de-açúcar, mais 1,2 milhão, e milho segunda safra, 4,8 milhões de hectares. Algumas lavouras, como mandioca, café, arroz, laranja e feijão, devem perder área, mas a redução será compensada por ganhos de produtividade. Sendo que a área do território é de 851,49 milhões de hectares, a área de lavouras ocupa [somente] 10,4% do espaço territorial.

A expansão de área de soja e cana-de-açúcar deverá ocorrer pela incorporação de áreas novas, áreas de pastagens naturais e também pela substituição de outras lavouras que deverão ceder área. O Censo Agropecuário 2017 dá uma indicação de como isso deve acontecer, ao mostrar a expansão de áreas de lavouras temporárias em terras de pastagens naturais. A área de milho 2ª safra deve expandir-se sobre áreas liberadas pela soja, no sistema de plantio direto. Milho e Soja deverão sofrer uma pressão devido ao seu uso crescente como culturas relevantes para produção de biocombustíveis.

A necessidade adicional de áreas pode ser atendida através de:

- Substituição de culturas.
- Pastagens naturais: o Censo mostrou uma grande redução dessas áreas e a entrada de outras atividades como as lavouras temporárias (soja).
- Sistema de plantio direto que pode suprir lavouras, como o milho especialmente.

O mercado interno juntamente com as exportações e os ganhos de produtividade deverão ser os principais fatores de crescimento na próxima década. Em 2029/2030, 50,4% da produção de soja deve ser destinada ao mercado interno, no milho, 69,0%, e no café, 56,6% da produção deve ser consumida internamente. Haverá, assim, uma pressão sobre o aumento da produção nacional devida ao crescimento do mercado interno e das exportações do país.

Do aumento previsto na produção de carne de frango, 73,0% da produção de 2029/2030 serão destinados ao mercado interno; da carne bovina produzida, 45,0% deverão ir ao mercado interno, e na carne suína 37,0%. Desse modo, embora o Brasil seja, em geral, um grande exportador para vários desses produtos, o consumo interno será relevante.

O acréscimo da produção de milho deve ocorrer especialmente pela expansão da produção do milho de segunda safra. Mas a soja deve apresentar forte expansão em estados do Norte, especialmente Tocantins, Rondônia e Pará.

A tecnologia sozinha não faz milagre

Diferentemente do que muitos possam pensar, para que as estimativas acima se concretizem, só investir em tecnologia, visando ganhos de produtividade, não será o suficiente.

A tecnologia continuará a ter um papel relevante. Veremos avanços em técnicas de cultivo, adubação e manejo, assim como uma automatização crescente nos campos e em todas as cadeias do agribusiness. As decisões, daqui por diante, serão cada vez mais tomadas a partir de dados, com a utilização de big data, small data e inteligência artificial. O que antes levava três dias para ser decidido poderá ser resolvido em 30 minutos. E que fique claro aqui: não queremos, com isso, substituir pessoas por máquinas e sistemas, mas, sim, dar a elas mais tempo para pensar e executar seu trabalho com maior qualidade.

Como mostramos, o Brasil ocupa uma posição privilegiada no agronegócio mundial. Mas, para capitalizar esse potencial todo, nosso setor precisa de maior profissionalização. Existem questões ligadas à gestão e ao mercado, que considero essenciais para que o agronegócio brasileiro continue crescendo e ganhando força. Vamos a elas:

Educação. A meu ver, o Brasil é extremamente desigual quando o assunto é educação. A maioria da população não tem acesso a boas escolas, o que, sem dúvida, entre outros pontos, impacta na formação de mão de obra qualificada para o agronegócio e para todos os demais setores. Com frequência, enfrentamos no agronegócio apagões de mão de obra básica: faltam vaqueiros e operadores de maquinários diversos (colheitadeiras, tratores etc.), por exemplo. Aproveite e reflita sobre como você, enquanto líder na área, pode contribuir para elevar o nível educacional no país, na sua cidade, na sua empresa.

Investir em liderança e gestão de pessoas. Este é, na minha opinião, o principal caminho para o crescimento consistente e sustentável das empresas do agribusiness no longo prazo. Parece clichê dizer, mas é por meio do trabalho das pessoas que tudo acontece para o bem ou para o mal. Dedicaremos todo o livro a esse tema.

Investir em logística. A cadeia logística precisa se desenvolver muito no Brasil. Precisamos de mais vias férreas, rodovias, portos, armazéns. Atualmente, a produtividade das áreas plantadas e o cultivo de novas áreas crescem mais do que a capacidade de armazenamento e escoamento da produção. Um cenário que tende a melhorar, entre outras iniciativas, com o Novo Marco Ferroviário[11]. O objetivo, nesse caso, é reforçar essa modalidade de transporte de cargas no país. Ao todo, são 25 projetos de implementação de ferrovias a serem avaliados.

Política macroeconômica. Não é fácil lidar com as oscilações na política macroeconômica brasileira. Precisamos de mais segurança jurídica e de menos burocracia. Faz parte do papel do líder do agronegócio estimular o debate a respeito dessas questões.

Financiamentos. O Brasil evoluiu bastante nas últimas décadas nesse quesito, mas ainda temos amplo espaço para desenvolver a estrutura de financiamentos, em termos de facilidade de acesso a crédito, ampliação de linhas e melhores condições de taxas e formas de pagamento.

Seu futuro dependerá, principalmente, das pessoas

Acredito que a sustentabilidade e o crescimento sólido de nossos negócios daqui para frente, com resultados cada vez melhores, dependerão, fundamentalmente, da forma como gerenciamos e cuidamos de nossos colaboradores. É o trabalho que eles realizam que gera os resultados de nossas empresas. Imagine o que acontece quando os colaboradores se sentem bem em seu ambiente de trabalho, têm confiança em seus gestores e colegas de time, podendo verdadeiramente colaborar com eles na solução de problemas ou no aproveitamento de oportunidades, e enxergam o valor de sua contribuição para o crescimento da empresa? Agora, pense o contrário: o quanto rendem pessoas que trabalham em um ambiente desagradável, no qual não podem contribuir com ideias e sugestões para melhorar os processos da empresa, onde não podem confiar uns nos outros e pouco colaboram com pares e gestores, no qual não é permitido errar e o erro, quando acontece, é punido e onde não veem sentido em seu trabalho? Portanto, a criação e a manutenção de uma cultura organizacional forte, o desenvolvimento contínuo de lideranças, o treinamento adequado de equipes e a construção e a conservação de um ambiente de trabalho harmônico, saudável e produtivo devem ser prioridade, se você deseja que sua companhia tenha uma longa e próspera existência no mercado. Abordaremos cada um desses temas nos próximos capítulos.

Porém, em nosso mercado, ainda prevalece a figura do líder à moda antiga, aquele que faz questão de mandar e ser obedecido e que nem sempre abre espaço para o novo. O típico comportamento de quem sempre agiu de determinado modo e não pensa em mudar.

Já vi casos de donos de empresas de agronegócio que comandavam as suas organizações com mãos de ferro. Pessoas que faziam questão de atender pessoalmente os clientes, que faziam contas de vendas no papel e que determinavam até o horário em que o caminhão deveria sair da fábrica para levar mercadoria. Com isso, enfrentavam problemas financeiros, de estoque e qualidade de produção. É humanamente impossível gerir uma empresa assim.

Repito que, em longo prazo, só crescerá quem investir nas pessoas e tiver uma equipe não só qualificada tecnicamente, mas motivada e engajada, que trabalhe feliz.

E a revolução tecnológica, que já existe nas empresas do nosso setor e se intensificará nos próximos anos, será feita pelas pessoas. A tecnologia, sozinha, não dará conta de nada. Invista em todo o seu time, de ponta a ponta, em todas as etapas da sua cadeia de produção. O resultado surpreenderá você.

No próximo capítulo, vamos avançar na discussão da importância da liderança e da gestão de pessoas para a evolução de nossas empresas.

CAPÍTULO 2

O papel fundamental da liderança e gestão de pessoas para as empresas do agronegócio continuarem crescendo

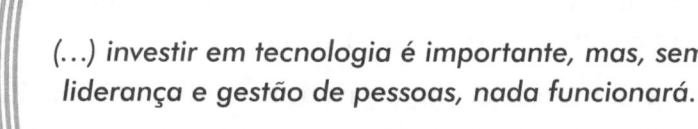

(...) investir em tecnologia é importante, mas, sem liderança e gestão de pessoas, nada funcionará.

A paisagem é espetacular, ampla e verde. Duas casas grandes, uma delas muito antiga e pintada de azul; a mesa sempre cheia de comida e o movimento de gente para lá e para cá não me deixa esquecer de onde vim. Foi na fazenda de café do meu avô paterno, Alberto, que eu vivi alguns dos melhores momentos da minha vida. Uma propriedade ampla, localizada na zona cafeeira da Colômbia, na cidade de Neira, região central do meu país.

Sempre me lembro com carinho daquele cenário, de sair a cavalo sozinho para dar uma volta pelas montanhas desde menino. Era, de longe, um dos netos mais interessados naquele lugar. Eu gostava muito quando passava temporadas na fazenda e foram as experiências vividas nela que me fizeram sonhar em ser fazendeiro e cursar uma faculdade que tivesse relação com o universo agro. Além das boas lembranças, hoje sei que aquela fazenda deixou outro presente valioso: foi lá que aprendi, pela primeira vez, importantes lições de liderança e gestão de pessoas que carrego e pratico até hoje. Nas próximas linhas, vou compartilhar um pouco do que aprendi com você.

 ## Reuniões diárias, respeito e celebrações em grupo

Tive a sorte de começar a refletir sobre a importância de cuidar bem dos colaboradores desde cedo, com o meu avô, Alberto, de quem falei anteriormente, e com os meus tios que trabalhavam com ele, Agustín e Luis. Cresci observando o modo como os três se relacionavam com os trabalhadores.

Diariamente, eles faziam reuniões curtas com todos os colaboradores para saber como o trabalho estava caminhando, para definir novas atividades e metas para pequenos grupos, para pensar em conjunto soluções para dificuldades, para os orientar sobre novas técnicas e formas de cuidado e manejo do solo e pés de café. Os trabalhadores tinham plena clareza do que eles esperavam deles. E a qualquer momento, sem precisar esperar o encontro do dia seguinte, quando acontecia um problema que exigia uma solução imediata, os funcionários se sentiam à vontade para avisá-los imediatamente, e no mínimo um deles ficava ali trabalhando com o pessoal até ter tudo resolvido. Aliás, meus tios e avô todos os dias colocavam a mão na massa, ou seja, estavam sempre nos cafezais ou trabalhando em outras atividades fundamentais na fazenda. Nunca foram proprietários que pouco ou nada se envolviam com o dia a dia da fazenda e apenas davam ordens — eram o exemplo presente de trabalho duro no campo e conviviam de maneira muito próxima com todos.

Meus tios e avô não escondiam informações. Sempre trataram todos com muito respeito e conversavam com tranquilidade sobre problemas e dificuldades. Não me lembro de tê-los visto, uma única vez sequer, gritar ou repreender duramente algum funcionário. Existia um ambiente de confiança e todos trabalhavam muito e contentes.

Eles eram admirados e queridos por praticamente todos os funcionários. Era comum que todos fizessem refeições juntos. E havia muitas oportunidades de confraternização.

Ao todo, eram dez casas para abrigar esses colaboradores, uma para cada família. Estavam todos juntos nas datas festivas e em eventos como as novenas do final do ano. Tanto é que as famílias permaneciam trabalhando na fazenda por muitos e muitos anos. Eu ficava admirado de ver que, desde a minha infância até o início da minha juventude, a grande maioria dos trabalhadores eram os mesmos. Ninguém queria sair de lá. Pelo contrário, com frequência, meus tios e avô eram procurados por famílias que queriam vir morar na fazenda e trabalhar com eles.

Por tudo isso que contei, a fazenda era vista pela vizinhança como uma referência.

As experiências que vivi na fazenda foram tão marcantes para mim que, décadas mais tarde já como CEO da Cibra, criei encontros rápidos e diários de alinhamento, para termos todos na mesma página, e reuniões mensais, nas quais apresentamos, para todos os colaboradores, os resultados de produção, vendas e lucro, sejam eles quais forem.

Destaco que cuidar das pessoas é, na minha avaliação, um requisito básico para que um empreendimento prospere. Isso porque são as pessoas que fazem as coisas acontecerem no dia a dia das empresas.

Foi, sem dúvida, a minha primeira escola de gestão, principalmente com foco em pessoas, uma escola que me preparou para a carreira que eu iria seguir.

De técnico a gestor de negócios e líder de pessoas

Além dos preciosos aprendizados em liderança e gestão de pessoas que obtive na fazenda, tive um longo percurso de formação e amadurecimento até me tornar executivo e líder de fato.

Como muitos profissionais do agronegócio, minha formação foi técnica. Sou Engenheiro Agrônomo, formado pela Universidad de Caldas, na Colômbia. Na graduação, as disciplinas fortes eram as técnicas, como Fitopatologia, Entomologia, Botânica, Fertilidade do Solo e Nutrição de Plantas, Controle de Pragas e Doenças. No que se refere a matérias sobre gestão e negócios, tive um contato mínimo com alguns conteúdos, mais ligados à contabilidade e economia agrícola.

Fui aprender efetivamente sobre gestão e negócios com as experiências profissionais que tive nas empresas em que trabalhei como colaborador e com cursos que viria a fazer no futuro.

Vou contar, agora, um pouco da minha trajetória profissional para ilustrar a importância de desenvolvermos um equilíbrio entre o lado técnico e os conhecimentos de gestão e negócios.

Iniciei minha carreira como empreendedor. Lembra que o meu sonho era ser fazendeiro? Depois que me formei, minha mãe, Maria Amélia, pediu um empréstimo no banco para que eu pudesse arrendar 80 hectares de terra e começar a plantar.

Com isso, plantei, apenas com a ajuda de um funcionário, 40 hectares de milho e 40 de maracujá. O que aconteceu? Bem, para começar houve um boom da fruta no período. Quando plantei, o custo de produção de um quilo de maracujá era de 80 pesos colombianos, com venda por quilo a 180 pesos. Na hora da colheita, a situação se inverteu: o custo para produzir era de 180 pesos, com venda a 80 apenas.

Com o milho, a situação não foi muito melhor: aluguei trator e plantadeira, comprei fertilizantes e plantei tudo certinho. Quando fui colher com o meu colaborador, choveu forte. Não dá para colher milho com chuva, a umidade estraga os grãos. Tive que contratar, de um dia para o outro, muita gente para fazer a colheita à mão. No final, até que consegui vender por um preço bom, mas o custo foi muito alto, não valeu a pena.

Nessa época, eu e meu funcionário trabalhávamos feito loucos. Eu tinha 22 anos e trabalhava das 6h às 20h, de domingo a domingo, sem folga. Ao todo, fiquei um ano com a terra arrendada.

Essa minha primeira experiência não foi bem por algumas razões: não planejei minimamente o empreendimento; deveria ter montado uma pequena equipe de colaboradores desde o início e não o fiz; não analisei e dimensionei os riscos do negócio e, portanto, acabei não pensando em diferentes cenários para lidar com os imprevistos que tive; não tirei tempo para pensar sobre o que poderia fazer para vender a minha produção da melhor forma possível; e ainda fui sequestrado por engano (enquanto viajava na região, entre Medellín e Manizales, onde nasci, tive o azar de passar na mesma hora por um senhor que estava prestes a ser emboscado e terminei com um fuzil encostado na minha cabeça. Fiquei dois dias no meio do mato, amarrado, junto com outras duas pessoas que estavam ali pela mesma razão que eu). Tudo isso foi a gota d'água. Decidi sair do negócio e passei a área para outra pessoa.

Desiludido, fui indicado por um amigo para substituí-lo na empresa em que ele trabalhava como vendedor de defensivos agrícolas. Eu estava tão desesperado que fui, principalmente pelo salário. Fiquei dois anos lá. Era uma empresa na qual havia apenas o proprietário, uma secretária e eu, o faz-tudo.

Era eu quem abria a empresa, checava o armazém, fazia o inventário, fechava as compras e ainda ia para as lojas do ramo à procura de compradores. Trabalhávamos com um defensivo para a infestação das brocas no café. Ia a campo com os clientes (os fazendeiros e seus gerentes), avaliava a situação da praga e fazia uma demonstração do produto no local. Depois, pegava o cheque, depositava, contabilizava tudo. Foi uma experiência de trabalho intensa e importante, que me fez enxergar de forma ampla como uma empresa funciona no todo, tendo aprendido diferentes processos e atividades.

O passo seguinte seria trabalhar na antiga Hoechst AG, uma indústria química alemã produtora de defensivos agrícolas, que mais tarde pela dinâmica de fusões e aquisições da época virou Agrevo, e finalmente foi absorvida pela Bayer. Depois de um tempo trabalhando à frente de uma pequena equipe comercial diretamente na zona rural, fui deslocado para Bogotá, onde assumi uma gerência comercial e passei a liderar uma equipe maior.

A empresa não oferecia treinamentos de gestão de pessoas e liderança para os supervisores e coordenadores, assim como para os gerentes e diretores. Não havia uma cultura que valorizasse o desenvolvimento das pessoas. Nesse momento, senti a necessidade de me qualificar e paguei do meu próprio bolso alguns cursos rápidos de gestão de negócios e pessoas.

Eu me relacionava bem com o meu time. Criava condições para que as pessoas realmente cooperassem, escutava com paciência sobre suas dificuldades e problemas, buscávamos soluções juntos e sempre trabalhava com elas para fazer as coisas acontecerem.

Porém, desde que comecei a trabalhar na sede da empresa, passei a ter um contato mais próximo com a diretoria e outros gestores. Foi quando descobri que aquele não era o ambiente em que me sentia bem. Eram comuns gritos, batidas na mesa, politicagens e outras situações delicadas. As pessoas trabalhavam em constante tensão e não existia confiança entre elas.

Trabalhar lá foi uma escola do que não se deve fazer em termos de liderança e gestão de pessoas. Fiquei quatro anos na companhia e pedi demissão.

Fui trabalhar no Grupo Abocol, uma organização completamente diferente, na qual com muito esforço e tempo foi se construindo uma cultura sólida. Na época em que eu cheguei lá, a empresa era pequena e tinha dificuldades, mas com base na sua cultura, ela chegou a ser uma das líderes de mercado em fertilizantes na Colômbia e outros oito países. Tenho muito orgulho de dizer que participei ativamente no desenvolvimento dessa cultura, até conseguirmos ter um ambiente de trabalho em que dava prazer trabalhar. Fazia parte de sua cultura investir no treinamento e desenvolvimento contínuo de colaboradores e gestores. As pessoas eram avaliadas pelos seus méritos e pela qualidade dos resultados entregues. Desenvolvemos, sob a liderança inspiradora do nosso chefe Jorge, uma visão, missão e valores da companhia, nos quais eu e os meus colegas acreditávamos e compartilhávamos. Estávamos completamente alinhados na forma como conduzíamos os negócios. Trabalhei quinze anos lá: fui gerente nacional de vendas, diretor comercial e diretor geral da divisão de agroindústria; ajudei a empresa a crescer e a se expandir por vários países da América Latina, assim como eu e minha equipe prospectamos e conseguimos clientes para nossos fertilizantes especiais em quarenta países dos cinco continentes. Em 2012, fiquei incumbido de liderar a expansão do grupo, desta vez no Brasil. Analisamos o mercado, o grupo adquiriu a Cibrafértil e mudei-me para o país. Eu fui indicado como seu CEO, e aqui estou, desde então.

Na época em que estava como diretor comercial da Abocol, cursei, incentivado pela empresa, o Programa de Desenvolvimento Diretivo da INALDE Business School, uma das melhores escolas de gestão e negócios da Colômbia. Somando as minhas experiências aprendidas da infância à juventude na fazenda, nas empresas que trabalhei e este curso da INALDE, consegui equilibrar bem o lado técnico com o lado de gestor de negócios e líder de pessoas.

Um círculo virtuoso

Investir na qualificação das pessoas de seu time e buscar equilibrar os seus lados técnico e de gestão de negócios e liderança de pessoas são fundamentais para você, que é empresário, executivo e gestor de propriedades rurais e agroindústrias diversas, tornar-se um profissional diferenciado e fazer com que os negócios de sua empresa prosperem daqui em diante.

O nosso setor ainda é tradicionalista. Muitas vezes, o conhecimento ainda é passado de pais e tios para filhos e sobrinhos ao melhor estilo "sempre fizemos assim e deu certo. Por que mudar?".

De um lado, temos multinacionais, grandes empresas nacionais e algumas empresas listadas em bolsa. São elas que empregam profissionais muito especializados e capacitados em gestão e negócios. De outro, há um grande número de empreendedores que simplesmente herdou terras ou negócios e decidiu tocá-los. Muitos são engenheiros agrônomos, veterinários e outros técnicos agrícolas, com poucos (ou mesmo sem) conhecimentos formais de gestão de negócios e liderança de pessoas. O foco em valorizar e desenvolver pessoas não é abordado de forma sistemática, poucos destinam tempo para fazer um MBA ou outros cursos de especialização em negócios para ter contato com esses conceitos e serem melhores profissionais.

A minha trajetória até chegar aonde estou me fez aprender algumas lições importantes. Em primeiro lugar: na minha avaliação, só uma empresa com uma cultura corporativa saudável e com pessoas engajadas terá bons resultados no médio e longo prazo. São as pessoas que trazem soluções, novas ideias, atitudes concretas para fazer as coisas mudarem e evoluírem. Isso gera um círculo virtuoso: se investimos verdadeiramente nas pessoas, elas respondem a esse cuidado e todos constroem juntos uma realidade nova e melhor para a empresa.

E vou além: se todos sabem aonde queremos chegar e qual é a contribuição de cada um para a empresa, ganha força um senso de propósito que faz toda a diferença na rotina da organização. O ânimo passa a ser outro.

Como já disse, investir em tecnologia é importante, mas, sem liderança e gestão de pessoas, nada funcionará. Pense que até a escolha dos recursos mais avançados em termos de técnicas, sistemas e maquinário será mais eficiente se o time por trás disso tudo estiver motivado.

A meu ver, é fundamental que as pessoas saibam que o seu trabalho é importante. Se não tratarmos bem os nossos colaboradores, abriremos espaço para falta de comprometimento, conflitos nocivos, inveja, sabotagem e perda de talentos, para citar apenas alguns dos riscos que correm os negócios que não consideram as pessoas.

Na prática, ainda predomina a gestão que se preocupa apenas com números. Muitos falam que gostam de gente, mas não é bem assim que as coisas funcionam na prática. A ironia dessa postura é que quem só enxerga números e desconsidera o cuidado com as pessoas, não levando a sério a construção de um ambiente de trabalho no qual os colaboradores se sintam bem, terá, mais cedo ou mais tarde, problemas nos negócios e quedas nos resultados.

Pensando no longo prazo, reforço que, focados apenas nas questões técnicas e não dando a atenção à gestão de pessoas, não conseguiremos crescer nossos negócios. A liderança consciente e a boa gestão das pessoas são dois itens essenciais para as empresas que querem perdurar no tempo, deixar a sua marca, fazer a diferença no mercado, ir além.

E, por falar em ir além, vamos avançar e conversar no Capítulo 3 sobre a grande importância da cultura organizacional para sua empresa poder se destacar no mercado.

PARTE 2

CULTURA E LIDERANÇA

CAPÍTULO 3

Por que falar de cultura de negócios em um livro de liderança e gestão de pessoas para o agribusiness?

> *(...) a cultura é como um guia, um modo de orientar os colaboradores a se comportarem de acordo com os nossos valores.*

O tema deste capítulo é dos que mais me entusiasmam na área de gestão. Uma cultura de negócios consistente é o alicerce fundamental para a prosperidade de uma empresa. Mais que isso: no meu entendimento, é uma condição vital para que uma empresa avance ao longo do tempo. Mas, para começar, qual a definição de cultura corporativa? Do que exatamente estamos falando?

Para mim, trata-se de um conjunto de atitudes, crenças e valores que guiam o comportamento das pessoas no trabalho, no cotidiano de uma companhia. Numa definição mais elaborada e encontrada no livro *Culturability*[1], o consultor e autoridade brasileira em gestão de pessoas e cultura organizacional João Cordeiro conceitua cultura como o modelo mental (o jeito de pensar) consciente e inconsciente de um grupo de pessoas, que molda suas decisões e ações. Ou seja, cultura é "O jeito que fazemos as coisas por aqui".

Na mesma obra[2], João Cordeiro explica a origem da palavra cultura: ela vem do francês, do termo *couture*. A expressão se referia à cultura de alimentos, à lavoura e ao ato de cuidar da criação dos animais. E estava relacionada ao processo de acompanhar algo que precisava de atenção e cuidado, capricho e paciência até a colheita. Conforme o filósofo e sociólogo britânico Raymond Williams, a partir do século XVI, na Inglaterra, a palavra *culture* surge nos textos com o sentido de desenvolvimento humano. Porém a palavra "cultura" era até então usada só no singular, referindo-se a um único indivíduo. Autores alemães, no século XVIII, ampliaram o seu sentido, conferindo ao termo *kultur* um conceito de coletividade, como contexto de civilização. No meio empresarial e de negócios, Edgar Schein fala de cultura corporativa pela primeira vez, na década de 1960, em seu livro *Organizational Psychology*[3], trazendo a explanação de que os novos membros de uma empresa precisam aprender não apenas as habilidades para desempenharem as suas funções, mas também ter uma compreensão da missão da empresa, do seu jeito de funcionar, o que envolve clima e cultura.

Nesse contexto, o CEO é o maior guardião e patrocinador da cultura organizacional, principalmente a partir de seu exemplo e das suas ações deliberadas para construir e nutrir a cultura que ele deseja e na qual acredita. Um case que merece destaque nesse sentido é o da gigante de tecnologia Microsoft.

CEO da empresa desde 2004, Satya Nadella, junto com o conselho de administração, vem realizando grandes mudanças em sua cultura. Ele atua como um verdadeiro disseminador dessa cultura na organização. No caso dele e da Microsoft, o foco está em ouvir, aprender e aproveitar paixões e talentos individuais[4] para a nova missão da empresa[5], que é capacitar todas as pessoas e organizações do planeta a conquistar mais, e está em vigor desde 2015.

Antes da sua chegada, a companhia era conhecida pela cultura rígida: repleta de reuniões formais e valorização em excesso à hierarquia. A empresa já não era tão inovadora, dinâmica e ágil como no passado e tinha se transformado numa gigante burocratizada e que caminhava a passos lentos no mercado em relação a outras grandes empresas de tecnologia. Havia pouco espaço para a espontaneidade e a criatividade dos colaboradores, duas premissas básicas para o crescimento de uma empresa atualmente, em especial do setor de tecnologia.

Desde a chegada de Nadella, aconteceu uma verdadeira revolução dentro da empresa, que pode ser percebida pela evolução dos números da empresa nos últimos anos: por exemplo, de 2017 a 2021 o faturamento e o lucro líquido da companhia saltaram de US$96,571 bilhões e US$21,204 bilhões para US$168,088 bilhões e US$61,271 bilhões, respectivamente[6]. A empresa passou a ser uma das mais valiosas em valor de mercado do mundo. Esses números revelam que uma boa cultura corporativa proporciona crescimento e resultados financeiros sólidos. Ou seja, quando as pessoas acreditam e vivem os valores da empresa, enxergam sentido no que fazem e sabem para qual direção estão indo, como também têm liberdade para expressar o que pensam, resolver problemas, inovar e colaborar verdadeiramente e podem confiar umas nas outras, elas trabalham bem e felizes, e isso se traduz em resultados diferenciados.

Desde que assumiu como CEO, as equipes da companhia têm feito grandes melhorias no Windows, desenvolvido soluções de computação em nuvem e em games muito bem-aceitas no mercado.

Nadella destaca ainda a necessidade de quebrar barreiras e trabalhar em equipe, sem competição ou vaidade. Para ele, mudar a cultura da Microsoft era uma prioridade. Uma missão que ele cumpriu com louvor. Se você tiver interesse em aprofundar acerca deste case de cultura, recomendo a leitura do livro *Aperte o F5*, de Nadella[7].

No clássico *Feitas para Durar: Práticas bem-sucedidas de empresas visionárias*[8], Jim Collins e Jerry I. Porras defendem que as empresas que prosperam ao longo do tempo e com resultados consistentes não são aquelas sob o comando de líderes visionários, mas, acima de tudo, as que têm uma cultura sólida, ou seja, aquelas empresas que são conduzidas por seus líderes com base em valores, princípios, visão e propósito muito bem definidos. São aquelas empresas admiradas e que estão há décadas no mercado, tendo já passado por vários ciclos de renovação e inovação de produtos e serviços.

Cultura e agribusiness

Vejo a cultura como vivência. Temos sorte quando estamos trabalhando num lugar onde os nossos valores são os mesmos da empresa. Na minha avaliação, assim como é muito importante controlar bem a produção e a logística, administrar bem o caixa e investir em tecnologia, você, como empresário, executivo ou gestor de empresas do agronegócio, precisa dar, no mínimo, a mesma atenção e, idealmente, até mais atenção à cultura e à gestão de pessoas. Isso significa deixar claro na cabeça de seus colaboradores por que fazem o que fazem e para onde estão indo, assim como prestar atenção à forma como eles trabalham e buscar criar condições para que trabalhem cada vez melhor, tendo satisfação e prazer em fazer parte de sua empresa. Nunca é demais lembrar: gente que trabalha feliz produz mais e melhor, está disposta a resolver os problemas (muitas vezes buscando soluções inovadoras) e "veste a camisa" da empresa. É assim que virão os resultados de longo prazo.

Pense que, se um colaborador seu está em dúvida a respeito de como agir, ter valores claros nos quais se guiar ajuda muito. Rapidamente a pessoa saberá o que fazer. A cultura, afinal, é o alicerce para você construir tudo o que deseja.

Essa mentalidade ainda é rara no agronegócio. Já vimos que a cultura vem de cultivar, semear, nutrir, fazer crescer, o que não quer dizer que a maioria dos homens e mulheres do campo estejam comprometidos em cuidar de suas "lavouras internas", em ajudar os seus funcionários a irem além.

Infelizmente, ainda é muito comum encontrarmos companhias nas quais prevalece o estilo de gestão baseado no comando e no controle, no popular "manda quem pode e obedece quem tem juízo".

Observo que, no agronegócio e no Brasil, de modo geral, o culto à hierarquia é muito forte, as pessoas têm dificuldade de se colocar, não se sentem à vontade para expor pontos de vista contrários às ideias de seus superiores. Na Colômbia, de onde venho, o cenário não é muito diferente, mas ainda assim vejo mais desafios a enfrentar neste ponto aqui do que lá. Precisamos quebrar essas barreiras.

Defendo que isso seja uma realidade no campo. Sozinhas, a tecnologia e a inovação não darão conta de tudo; é necessário diminuir a distância entre os gestores e os colaboradores, valorizar e promover uma cultura mais colaborativa e participativa nas empresas. É hora de dar espaço para as pessoas terem mais iniciativa, assumirem mais responsabilidade e tratar os erros como aprendizado para quem está tentando acertar, fazer a diferença.

Tenho orgulho de dizer que a Cibra é uma empresa fora da curva sob esse ponto de vista. Já estamos na nossa terceira geração de valores, uma prova de como estamos atentos à nossa cultura, ao que realmente importa para nós. Acreditamos no fato de que cultura é sobre como envolver as pessoas e colocá-las em torno de um propósito comum. Esse é o nosso foco.

Atualmente, os nossos valores são:

- Simplicidade
- Transparência
- Coragem
- Respeito
- Senso de dono
- Colaboração
- Agilidade

- Flexibilidade
- Inovação
- Obsessão pelo cliente
- Responsabilidade social e ambiental

Sem um porquê e um norte, uma base consolidada, uma empresa não cresce, não sobrevive em longo prazo, não se destaca, não tem espaço no mercado.

No caso da Cibra, todos os valores são do conhecimento dos colaboradores. Não se trata de ter uma placa com esse conteúdo escrito em cada sala. Ou de entregar um livreto sobre o tema para cada novo funcionário. Estamos falando de vida real, daquilo que vivemos dia a dia.

O respeito, só para citar um exemplo, é um valor de que não abrimos mão. Não toleramos desrespeito. Ficamos sabendo, não faz muito tempo, que um chefe de turno tinha ofendido um colaborador em público. A denúncia veio do sindicato da categoria e o acusado era o nosso melhor chefe de turno, o que não o livrou de ser demitido assim que averiguamos os fatos e vimos que eram verdadeiros.

Temos em nossos quadros várias pessoas que vieram de outras culturas corporativas, que relutariam em demitir quem não age com respeito, mas explicamos que, aqui dentro, determinadas condutas não são aceitas. Nas companhias sem esse alicerce, cada um faz o que quer.

Quando o tal chefe de turno foi desligado, aproveitamos a oportunidade para promover todo um debate sobre a importância dos valores respeito e transparência.

Cultura como guia

No meu entendimento, a cultura é como um guia, um modo de orientar os colaboradores a se comportarem de acordo com os nossos valores. Se isso está bem definido, as chances de uma empresa acertar nas suas contratações são muito maiores.

Assim como numa família existe um jeito de ser de cada membro e uma dinâmica nas relações entre as pessoas (crenças e valores compartilhados e um estilo de convívio em grupo), o mesmo acontece nas empresas. Existe uma dinâmica dos relacionamentos nas empresas: podemos ter nossas diferenças individuais, mas precisamos acreditar nas mesmas coisas e compartilhar os mesmos valores.

É exatamente a cultura organizacional que torna possível o alinhamento de conduta dos grupos dentro da empresa.

Tudo isso traz mais engajamento e produtividade, faz com que as pessoas se sintam estimuladas a dar o seu melhor, com menos resistência a mudanças. Pela minha experiência, todos os processos e relacionamentos passam a fluir melhor quando as pessoas têm plena clareza do porquê fazemos o que fazemos, de como as coisas funcionam na empresa e para onde estamos todos caminhando enquanto grupo. Isso gera confiança, motivação, dedicação e apreço pelo trabalho.

No próximo capítulo, vamos conversar sobre como você pode criar uma cultura forte em sua empresa.

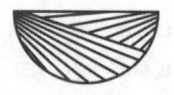

CAPÍTULO 4

Como criar uma cultura forte em sua empresa

Para construir uma cultura forte, precisamos ser explícitos.

Uma cultura organizacional forte é, na minha opinião, facilmente reconhecida. Como? Para começar, preste atenção à linguagem dos gestores e colaboradores. Se você vê que eles falam usando termos comuns a todos, com palavras e conceitos similares nas apresentações e mesmo nas conversas informais, esse é um sinal de alinhamento. Tudo acontece de forma muito natural e pode ser observado inclusive nos elogios dos gestores, que parabenizam o time por praticar os valores da empresa, que podem ser, como exemplo, coragem, respeito, integridade, trabalhar em equipe, inovação, cuidar do meio ambiente etc.

Essa linguagem reflete o alinhamento que existe na companhia, do mesmo modo que não há cultura forte se cada um fala de um jeito, se acredita numa coisa diferente. Gestores e colaboradores precisam se expressar do mesmo modo, estar conectados. E isso se reflete até no modo como as pessoas se vestem, por exemplo.

E tudo isso com espontaneidade. A linguagem é o primeiro sinal de cultura forte, mas não o único. Cultura é comportamento, o que, por sua vez, está ligado a crenças e valores.

É bonito ver quando isso realmente faz parte do jeito de trabalhar de uma empresa. A rede Chick-fil-A[1], de fast-food de sanduíches e pratos com frango nos Estados Unidos, é uma das preferidas minha e dos meus filhos quando viajamos para lá. Uma marca muito tradicional, bastante conhecida naquele país. Nas lojas, os funcionários não falam "you are welcome" ("por nada", em inglês) quando os clientes agradecem, e sim "my pleasure" ("o prazer é meu"). E o que é mais interessante: isso não está escrito em lugar nenhum, é uma crença do seu fundador, Truett Cathy, um homem que sentia prazer em servir os clientes. Com isso, naturalmente, os colaboradores adotaram esse modo de se comunicar com os consumidores.

E aqui compartilho um exemplo da Cibra. Os nossos valores são realmente muito fortes, todos os conhecem e reconhecem a sua importância. Assim, sempre que um líder vai dar feedback, o faz a partir dos nossos valores. Por exemplo: em vez de dizer "parabéns por ter vendido mil toneladas do produto", eles dizem "parabéns pela coragem de ir atrás do cliente e ter vendido tão bem", destacando a *coragem*, que é um dos nossos valores. Ou ainda, em vez de dizer "parabéns por ter realizado aquela entrega importante", afirmar "parabéns pela flexibilidade no atendimento ao cliente naquela situação específica". A *flexibilidade*, afinal, é outro valor nosso.

Os valores são as coisas nas quais acreditamos de como devemos nos comportar no dia a dia. Os valores norteiam os comportamentos de todos, são a base de uma cultura forte. Valores são facilitadores da ação e da comunicação entre as pessoas, ajudam na tomada de decisão. Não temos dúvidas sobre o que fazer quando colocamos os nossos valores na frente.

Todas as pessoas se sentem mais confiantes numa organização quando conhecem os seus valores. É o que na Cibra nós chamamos de *Jeito Cibra de ser*. No nosso caso, isso significa agir com muita *transparência, colaboração, respeito, simplicidade, flexibilidade, agilidade* e *coragem*. Queremos que as pessoas saibam que podem se arriscar, tentar coisas novas. E vivemos esses valores sempre tendo em mente fazer a vida de nossos clientes melhor.

Tudo isso nos traz visão compartilhada e senso de pertencimento. É bonito ver como tudo isso acontece na prática.

Quais são os valores atuais de sua empresa? Quais novos valores você gostaria de introduzir na sua cultura?

Propósito e visão

Outros dois itens fundamentais de uma cultura forte são o propósito e a visão. Na verdade, não sei dizer qual, dos dois, vem antes, nem se essa ordem tem alguma relevância. O importante é que ambos fiquem muito claros.

Gosto da definição de Simon Sinek, autor de *Comece pelo Porquê*[2]. Segundo ele, propósito é as pessoas fazerem as coisas porque elas realmente querem, por entenderem que o que estão fazendo está de acordo com os seus objetivos de vida, de carreira, de longo prazo. Elas não fazem o que é esperado porque são mandadas, mas porque querem e porque enxergam nisso um significado, um sentido.

Para mim, particularmente, propósito é o que me faz acordar e sair da cama todos os dias. Não trabalho porque quero apenas que a Cibra lucre mais. O que me move vai além. A minha contribuição e a dos nossos colaboradores é fortalecer o agronegócio, para que ele possa oferecer cada vez mais segurança e bem-estar alimentar aos brasileiros e demais povos do planeta por meio de nossos produtos e soluções.

O nosso propósito na empresa é: *Fertilizar parcerias para colher resultados*. A gente quer uma Cibra melhor. E buscamos fazer isso formando parcerias com todo o mercado, contribuindo e recebendo a contribuição de cada colaborador, fornecedor e cliente.

Trabalhamos sempre olhando o longo prazo, visando o crescimento mútuo de todos os stakeholders da Cibra. A empresa tem que ter um propósito e os seus colaboradores e parceiros precisam sentir que isso está alinhado com os seus objetivos pessoais.

Em essência, o propósito é a razão de ser da empresa.

A visão, por sua vez, é a direção, diz aonde nós queremos chegar. Gosto da ideia expressa em Os 7 Hábitos *das Pessoas Altamente Eficazes*[3], de Stephen R. Covey. Para o autor, o primeiro hábito é começar com um fim em mente, sabendo o que você quer e aonde quer chegar. O mesmo acontece numa empresa: a visão diz o que queremos para o futuro, é um conceito maior, não uma meta de faturamento para daqui a tantos anos, por exemplo.

Assim, a visão da Cibra é:

> Seremos uma empresa à frente do seu tempo, líderes da transformação do agro, a mais respeitada e admirada do Brasil. Trabalhando com orgulho e praticando genuinamente os nossos valores, continuamos crescendo de forma sustentável. Com o cliente no centro da nossa jornada, temos uma gestão ágil e geramos impacto positivo para a sociedade e para o planeta.

Essa visão é como aquela luz brilhante, que está lá longe e que nos levará a ser a empresa que nós queremos ser. A intenção é que cada colaborador, cliente e fornecedor leia, entenda e se conecte com o objetivo da Cibra e com o seu próprio trabalho.

Sem importar o tamanho da sua empresa ou o número de colaboradores, você tem um propósito? E uma visão? Quais são o propósito e a visão de sua empresa? Eles têm sido adequadamente comunicados aos colaboradores, clientes e fornecedores? As pessoas de sua companhia acreditam e trabalham de acordo com eles?

Escreva o seu próprio manifesto

A criação de uma cultura forte é uma responsabilidade da alta liderança. Quem me conhece, sabe que eu não fujo da minha. E digo mais: essa é uma tarefa feita de forma intencional, definindo a cultura que se quer e trabalhando com afinco para isso. Isso é indelegável. Os líderes não só têm um papel fundamental na criação e atualização da cultura ao longo do tempo como também devem ser os primeiros a colocar a cultura em prática, ou seja, têm que dar o exemplo: tudo o que fazem precisa estar alinhado com o que dizem.

Quem vem em seguida, como os gerentes ou responsáveis, também pode dar sugestões e ajudar a fortalecer a cultura, mas quem está acima é o responsável e deve estar aberto a ouvir. A cultura não pode ser rígida, estática, mas, sim, ser alimentada e receber novos elementos o tempo todo. O CEO precisa estar aberto a isso, afinal é o responsável pela criação, manutenção e a evolução da cultura. Nas empresas maiores, o Conselho de Administração faz isso com o CEO; nas pequenas, como, por exemplo, numa propriedade rural, é o dono ou fundador, junto com a sua família ou colaboradores mais próximos.

Nesse sentido, escrevi a primeira versão de nosso Manifesto em 2018 e fiz uma atualização em 2021. É um texto meu, pessoal, que divulguei para todos os funcionários da empresa e que faz parte do nosso dia a dia. Compartilho a seguir com você:

Caros,

Comemoramos em 2021 o melhor ano na história da Cibra. Eu me pergunto: será este o melhor ano da nossa história, mesmo? Ou, é simplesmente o ano com o maior faturamento e lucro? É muito difícil saber qual foi o nosso melhor ano; seria um dos anos anteriores em que fizemos mudanças significativas e tomamos importantes decisões que nos trouxeram até aqui? Ou seria um daqueles anos em que cometemos grandes erros, mas tivemos grandes aprendizados, e estes nos permitiram evitar erros maiores?

Será que o melhor ano da Cibra não chegou ainda? O nosso melhor ano será o próximo? É essa a minha forma de pensar: tivemos um ano bom, um ano espetacular, mas ainda não foi o nosso melhor ano!!!

A minha história na Cibra começou em 2012, numa fábrica em condições muito precárias, em Camaçari, que produziu 200 mil toneladas naquele ano. Eu, vindo da Colômbia, não conhecia nada do mercado e do país, nem sabia falar português. Enfrentei inúmeras dificuldades: no início nem sequer havia um local para eu sentar e eu mesmo tive que sair e procurar uma cadeira para comprar. Quem me acompanha desde o início lembra que começamos trabalhando com mesas, cadeiras, computadores e até ares-condicionados alugados! Não tínhamos os recursos para comprar. Apesar de tudo isso, conseguimos duplicar o tamanho da Cibra várias vezes.

Ultrapassamos a nossa tão sonhada e quase inalcançável meta de 2 milhões de toneladas produzidas e entregues no ano!!! Já temos 11 fábricas, damos emprego a mais de 1.000 pessoas. Fomos certificados pelo terceiro ano consecutivo como uma das melhores empresas para se trabalhar no Brasil. Estamos construindo novas fábricas e temos um bom lucro.

Tenho muito orgulho da nossa trajetória e de nossas conquistas. Tudo o que conseguimos até agora foi fruto de muito esforço, compromisso e, sobretudo, persistência de todos vocês e de muita gente, inclusive dos nossos acionistas.

Obrigado. Obrigado a todos que contribuíram nesta caminhada, provando que a **nossa gente faz a diferença**.

Crescemos muito, sim! Todo ano crescemos! E eu continuo sonhando grande: eu SEMPRE vou querer duplicar o tamanho da Cibra, sem importar o nosso tamanho. Eu SEMPRE vou buscar as formas de continuar crescendo de maneira rentável, com a **Segurança** e a **Qualidade** como os nossos pilares e a **Agilidade** e a **Flexibilidade** como os nossos diferenciais.

Eu quero uma Cibra Inovadora, a frente do seu tempo. Liderando a transformação do agro, quero que ela seja a empresa mais desejada e admirada do Brasil. Quero ver que na Cibra colocamos o cliente no centro da nossa jornada, praticando uma gestão ágil, e com uma ampla consciência do impacto que temos na sociedade **e no planeta**, e gerar um impacto positivo. Quero uma Cibra onde todos trabalham com orgulho e praticam genuinamente nossos valores. Quero ver que na Cibra todos estamos abertos a testar ideias, explorar novas maneiras de fazer negócios e crescer mais rápido.

Para dobrar de tamanho de novo, teremos que avançar em novas regiões dentro do Brasil, e por que não da América Latina? Desenvolver ainda algumas das ferramentas que toda empresa precisa para operar e crescer de forma ordenada, e simplificar e automatizar os nossos processos para crescer mais rápido. Nada disso se faz sozinho, teremos que **FERTILIZAR PARCERIAS PARA COLHER RESULTADOS**.

Quero ver a Cibra crescendo com todos sendo fiéis ao nosso Jeito Cibra de ser. Quero ver uma cultura consistente onde o ambiente corporativo é o mesmo em todo lugar, seja nas fábricas, no campo e no home office.

Uma cultura fértil e saudável é nutrida pelos nossos valores. Alguns deles já estão incorporados, outros, fazem parte das nossas conversas, porém ainda não têm o destaque que merecem:

Vamos precisar de **AGILIDADE** e **FLEXIBILIDADE** para responder rapidamente às necessidades do cliente, às mudanças do mercado e às exigências da sociedade. Agilidade e muito mais do que velocidade, representa também eficiência. Flexibilidade e a capacidade de se adaptar.

Vamos precisar de **SIMPLICIDADE** para tornar os processos cada vez mais eficientes, evitando desperdícios de tempo e recursos. Simplicidade estruturada, porque fazer o simples é fazer bem-feito.

Vamos precisar de **CORAGEM** para arriscar, tomar decisões e assumir erros sem "desculpability". Agir com iniciativa e com acabativa. A coragem será necessária para expor com transparência e com franqueza os problemas ou os erros, aceitarmos as críticas, compartilhar informações, conhecimentos e melhores práticas.

Temos que demonstrar o tempo todo **SENSO DE DONO**. Colocar a empresa e o cliente em primeiro lugar, decidindo em benefício de ambos e não em benefício da nossa área ou do nosso time. Nunca falamos "Isso não é da nossa conta!".

Um dos pontos fortes do Jeito Cibra de ser é a **COLABORAÇÃO**. Fazer a nossa parte é nossa obrigação; ajudar um colega a fazer a parte dele é trabalho de equipe. Oferecer, pedir e aceitar ajuda sem interesse pessoal é colaboração genuína.

Vamos assumir o **RESPEITO** pela pessoa, muito além do alcance de uma meta. O respeito é o nutriente indispensável na nossa cultura. A diversidade e as ideias são bem acolhidas e necessárias.

Queremos **INOVAÇÃO**, seremos **INOVADORES**. Estamos atentos a tudo ao nosso redor, esperamos e incentivamos novas ideias que possam simplificar e melhorar os processos, criar produtos, novas soluções e novos negócios.

Nós pensamos primeiro no cliente e nas suas necessidades. Atendemos às expectativas dele com flexibilidade e agilidade, sem abrir mão da qualidade. Nós nos empenhamos fortemente para conquistar e manter a confiança de nossos clientes. Dedicamo-nos mais ao cliente e à nossa performance e menos à concorrência. Temos **OBSESSÃO PELO CLIENTE**.

Nossa **RESPONSABILIDADE SOCIAL E AMBIENTAL** é enorme e precisamos assumir nosso protagonismo na sociedade. Vamos implementar progressivamente todas as ações possíveis para reduzir o impacto da nossa atividade no planeta. Todos os colaboradores da Cibra precisam estar engajados em atividades sociais que impactem a vida de pessoas menos privilegiadas.

Tenho um respeito enorme pela Cibra e por vocês. Quando olho para trás e vejo de onde saímos e onde estamos, fico impressionado com a evolução desta empresa. Tenho dois sentimentos muito fortes: orgulho e gratidão. Orgulho desse time que se dedicou a construir do zero a cultura que temos hoje; gratidão pelo esforço e engajamento de todos, e pelo resultado desse esforço.

Hoje estamos olhando para o passado para reconhecer e celebrar as nossas conquistas. O passado é apenas uma referência. **É o olhar para o futuro que me fortalece com esperança e desejo de realização, e me faz ter a certeza de que o melhor ano da Cibra será o próximo. Sempre o próximo!**

Conto com todos vocês. Contem comigo!

Este manifesto está colado na parede, em forma de pôster, à frente da minha mesa de trabalho, aqui em casa. Eu olho para ele todo dia, a todo momento na verdade, o que reforça a minha vontade de trabalhar fortemente para fazê-lo realidade. Também está impresso e colocado em vários locais em cada uma das nossas fábricas, entregue a cada um dos nossos colaboradores, e como parte do kit de boas-vindas para quem está ingressando para fazer parte do nosso time.

O manifesto é uma declaração de intenções de sonhos e desejos de alguém, no caso, eu, em relação à Cibra. Ele fala do que eu quero que a Cibra seja. Foi inteiramente escrito por mim e serve para deixar claro, com um bom nível de detalhes, o que o presidente espera das pessoas e da empresa. Um conteúdo que não deixa dúvidas sobre quem somos e para qual direção estamos indo. Na Cibra, a existência de um Manifesto elaborado pelo presidente foi determinante para a consolidação do nosso trabalho de cultura e faz as pessoas se movimentarem numa mesma direção. O que deve constar nesse texto? A visão da empresa, seu propósito, seus valores e o que mais você, como líder, sentir que deve destacar. Avalie se não é o caso de escrever o seu também, de dar a largada para esse processo com as suas ideias e o seu exemplo.

Trago no box a seguir, orientações do especialista João Cordeiro sobre como você deve elaborar o seu manifesto.

COMO O MANIFESTO DE SUA EMPRESA DEVE SER CRIADO

por **João Cordeiro**

A palavra "manifesto" vem do latim *manifestare*, que significa descobrir, revelar, tornar claro para os olhos e para a mente. A palavra tem aplicação na política, na sociologia, no ambiente corporativo e até na navegação marítima, na qual todo contêiner deve ser acompanhado de um manifesto, documento que declara o conteúdo da carga e para onde ela vai.

No corporativo, o conceito de manifesto não é antigo: começou mais ou menos há 20 anos, no Vale do Silício. E há documentos muito distintos. Já vi textos com apenas dois parágrafos, como aquele escrito por Tim Cook, CEO da Apple em 2009; e com até 17 páginas, como o escrito por Satya Nadella em 2014, quando ele assumiu a posição de CEO da Microsoft, trazendo um detalhamento grande e compatível com as mudanças que ele queria fazer e fez na companhia.

Agora, você vai me perguntar: mas, afinal, como escrever um manifesto para a minha empresa? Tenha como base os valores de sua companhia, seu momento e suas recentes conquistas, como aquisições ou aumentos de produção e resultados. Seu conteúdo deve dar direcionamento e clareza do que você, proprietário, CEO ou presidente, deseja realizar na empresa, principalmente nos próximos três ou cinco anos, mas ele deve ser revisado ao longo desse período. Destaco que esse documento deve ser escrito por você, com as usas palavras, suas expressões para que o seu time reconheça você através das palavras. A elaboração desse texto não deveria ser delegada a um consultor ou gestor de RH. Se o manifesto for transformado em um vídeo, o que fortemente recomendo, a voz da locução deve ser sua, jamais deveria ser usada a voz de um locutor profissional. Isso porque, você, enquanto dono, CEO ou presidente, é o responsável por emprestar a sua voz e imagem para mobilizar, inspirar e conduzir toda a empresa.

Manifestos devem ser revistados periodicamente porque a cultura é dinâmica, empresas evoluem, seus valores devem ser constantemente atualizados. E os manifestos devem acompanhar essas mudanças e transformações pelas quais passa a organização.

No caso da Cibra, a inovação entrou como valor em um dos momentos de atualização da cultura. Eles já eram disruptivos, mas assumiram ainda mais o compromisso a partir do momento em que o CEO escreveu isso. Na prática, foi uma autorização para que todos passassem a pensar diferente e propor ideias, do chão de fábrica até a diretoria, o que se tornou um incentivo permanente para a melhoria contínua de processos e produtos.

Do presente para o futuro

Apenas pense que um manifesto se escreve partindo do presente para o futuro. Um material que, reforço outra vez, deve ser atualizado, renovado de tempos em tempos. O ritmo disso varia de empresa para empresa. Na Cibra, isso acontece a cada dois anos ou três.

Importante: nesse caso, é a voz do dono que vale, no caso, o CEO. Esse movimento de atualização é ele quem faz. Pode haver sugestões nesse sentido, mas deve partir do CEO a iniciativa, essa responsabilidade é dele.

O manifesto é um elemento muito importante da cultura corporativa. No caso da Cibra, isso fez e faz, todos os dias, a diferença no cotidiano de trabalho, sendo usado na integração de novos funcionários, nos treinamentos, nas reuniões dos gestores e assim por diante.

E aqui destaco a nobreza de o Santiago não delegar isso para ninguém, nem para o RH. Ele sabe que esse compromisso é dele, pois sempre assumiu a responsabilidade de pensar e estabelecer os passos futuros da Cibra.

Seja como for, escreva o seu manifesto. Diga para onde a sua empresa vai, como ela vai, com que pessoas seguirá, com quem não deve seguir. Considere o manifesto, como se fosse uma minibíblia para a sua organização. Só não pense que esse texto é para sempre, lembre-se da importância da atualização.

Cada um pode fazer do seu jeito, na sua linguagem, no seu estilo. Só não deixe de escrever e disseminá-lo por toda a empresa. Todos precisam conhecer bem para onde querem caminhar e o que conquistar.

O papel dos rituais

O estabelecimento de rituais é a forma como criamos e vivemos uma cultura forte na prática. Entendo que as religiões envolvem as pessoas a partir de um determinado código de conduta. Isso basicamente a partir de textos sagrados, que trazem os valores e rituais, para serem vividos no cotidiano e nas datas especiais.

O nosso "texto sagrado", digamos assim, é o nosso Manifesto: ele orienta a nossa conduta de trabalho no dia a dia, nos dá as condições para praticarmos nossos rituais. E nós temos alguns rituais que fortalecem a nossa cultura no dia a dia e que incentivamos o tempo todo.

Um dos rituais mais fortes é o *Diálogo Diário de Eficiência* (DDE), que me orgulho de ter criado junto com algumas pessoas do meu time. O DDE acontece diariamente, dura 15 minutos e é aberto a todos os colaboradores, de todas as áreas da empresa. É um ritual online. Cada dia tem um tema: *Jeito Cibra de ser* (sobre a nossa Cultura), às segundas; *Fala, Cibra!* (tema livre, no qual cada área pode trazer um assunto diferente), às terças; *HESQ* (saúde, segurança, qualidade e meio ambiente), às quartas; *Avança, Cibra!* (sobre inovação e crescimento), às quintas; e temos a sexta-feira de *Boas Notícias*, na qual uma boa notícia é trazida toda sexta por pessoas de quaisquer áreas. Posso falar com orgulho que nunca faltou uma boa notícia desde que começamos.

Aproveito para falar aqui que estabelecer rituais não é nada fácil. No caso do DDE, tivemos muita resistência no início: as pessoas achavam que estavam perdendo um tempo valioso e ninguém queria falar. Hoje tem fila de vários meses de colaboradores que querem trazer algum tema para o DDE.

Nas fábricas em si temos os DDEs no início de cada turno, para que ninguém fique de fora. Os temas são os mesmos. A diferença é que, nas unidades de produção, falamos sobre segurança todos os dias por três minutos.

Nos DDEs, qualquer pessoa pode levantar a mão, mesmo que virtualmente, e fazer um comentário, uma sugestão, um elogio etc. Em um desses DDEs, um rapaz, que é Assistente Técnico Comercial em Goiás, disse: "Se sentir representado porque, como o Santiago escreveu em seu Manifesto, a Cibra quer ser uma empresa à frente do seu tempo."

Fiquei muito orgulhoso do comentário dele, dessa fala ter aparecido. Para mim foi uma prova de que nós conseguimos criar uma cultura forte, o depoimento dele foi muito natural e todos os colaboradores da empresa conhecem e acreditam no Manifesto.

Perceba que o resultado da empresa passa a ser consistente a partir do momento em que segue pelo caminho que a cultura mostra. É a cultura que determina o norte, o modo como a empresa pretende chegar lá. Foi assim conosco e é assim com todas as companhias bem-sucedidas que eu conheço.

Os participantes dos DDEs são de todas as partes da empresa, cada um trazendo um assunto de interesse coletivo com aqueles temas diários que nós apresentamos em alguns parágrafos anteriormente. Considero os DDEs como a principal ferramenta de fortalecimento da nossa cultura.

Também temos o ritual *Fatores de Sucesso*. Trata-se de uma reunião mensal, que dura três horas, para a qual toda a empresa é convidada a participar. Na ocasião, mostramos todos os nossos indicadores por área, até os resultados financeiros, como o lucro líquido. Se tivemos lucro ou prejuízo, não importa, apresentamos tudo, com números, gráficos e indicadores; resultados de vendas, novos clientes etc. São em torno de 40 indicadores. Uma prática totalmente alinhada à transparência, que é um dos nossos valores. Um ritual antigo, que existe desde 2013 e que começou na minha sala.

Gosto muito ainda do *Café com o Presidente*. Trata-se de uma premiação. A cada dois meses, a gente reconhece cinco colaboradores da base, que se destacam pela vivência dos nossos valores.

Qualquer pessoa pode fazer essa indicação e o RH acompanha. Lembrando que essa é uma premiação não por resultado, mas por comportamento. Eu anuncio os vencedores, cujas fotos aparecem sempre na tela ao final do Fatores de Sucesso, e converso com a pessoa na sequência.

Os vencedores ganham um café da manhã comigo. Participam apenas os premiados e eu, mais ninguém. Antes da pandemia da Covid-19, esse café era presencial, fazíamos no nosso escritório, e na pandemia passou a ser online. Agora, queremos retomar o presencial. São os colaboradores que trazem os assuntos, não eu. Normalmente perguntam sobre temas pessoais, querem saber de mim, se tenho dificuldade para dormir, se sou estressado, como comecei a minha carreira, quais são as minhas principais frustrações, se eu acredito que a empresa dobrará de tamanho sempre. Mandamos uma cesta de café até a casa do trabalhador ou na fábrica. Seja onde for, mandamos. Logo teremos um grande café presencial no final do ano com os ganhadores de cada mês, é a nossa meta.

Os rituais contribuem para manter as pessoas afinadas, em sintonia. O alinhamento delas em prol de um objetivo claro e que faça sentido para todos permite que as coisas aconteçam. As pessoas precisam saber o que nós pretendemos, o que queremos que a Cibra seja.

Para construir uma cultura forte, precisamos ser explícitos. Os elementos da cultura precisam estar muito claros, ser vistos, lidos, ouvidos na fala de todos os gestores, chegar às pessoas de todas as maneiras; precisam ser sentidos. E os rituais proporcionam essa experiência.

Sem isso, o preço a pagar é o do desalinhamento; a empresa fica sem tração se os colaboradores não estão engajados, cada um vai para um lado. Quando a cultura é bem trabalhada e alguém não se encaixa, isso gera um incômodo, todo mundo percebe.

Paciência, Persistência, Papagaio e Exemplo (PPPE)

E como que se faz para que todos os elementos da cultura sejam vistos, ouvidos, observados, e finalmente seguidos e adotados? Aí que entra o PPPE, que eu aprendi com um amigo consultor, que usa o conceito PPP para trabalhar o tema de segurança com os seus clientes. PPP quer dizer Paciência, Persistência e Papagaio. O "E" significa "exemplo" — e fomos nós que acrescentamos a letra.

Paciência porque tudo o que se requer de cultura pedirá paciência. É um trabalho que demora mesmo, pois você não enxergará o resultado desse trabalho no curto prazo.

Persistência porque você deve ser persistente na divulgação de tudo o que tem a ver com cultura.

Aprendi, ao longo do tempo e levo isso para a minha vida, que há uma diferença importante entre insistir e persistir: insistir é tentar realizar algo fazendo a mesma coisa todas as vezes. Já persistir é buscar, se ajustar, se adaptar em relação ao que está ou não funcionando, e não desistir.

Já o Papagaio envolve falar, falar, falar, repetir o tempo todo e em todo lugar as bases da cultura de uma empresa, a visão, os valores etc. Vale lembrar que pessoas entram e saem da companhia ao longo do tempo, então esse é um trabalho que precisa ser reforçado o tempo todo. Esse amigo consultor me falou que as pessoas começam a escutar quando você já está cansado de tanto falar. Eu pude comprovar, na prática, que ele tinha razão.

Vale a pena ficar atento ao PPPE. Uma orientação que ajuda os colaboradores a entenderem, internalizarem e praticarem a cultura.

Assim como uma planta ou animal necessita ser cuidado, para que cresça bem e permaneça saudável, a cultura precisa ser cuidada. Conversaremos, no próximo capítulo, sobre como cuidar da cultura no dia a dia e em que você deve prestar atenção para melhorá-la, a fim de garantir que ela esteja em constante evolução.

CAPÍTULO 5

Como cuidar da cultura no dia a dia de sua empresa

(...) o fazendeiro cuida da sua cultura, o líder cuida da cultura da sua empresa.

Se o assunto é cultura, não basta estabelecer suas diretrizes, divulgá-las entre os colaboradores e ponto final, está feito, acabou. É preciso estar sempre atento, adicionar elementos novos, rever o que não fará mais sentido depois de um tempo. Os principais responsáveis por isso, por esse acompanhamento permanente e melhorias, são a alta liderança, o presidente e a diretoria.

Destaco ainda, nesse nosso começo de conversa sobre como cuidar da cultura, que ela precisa sempre responder ao momento da empresa, se ajustar às metas e para onde a empresa e o mercado estão caminhando. A companhia avança, as pessoas amadurecem, os planos evoluem, tudo muda, o tempo todo. Assim, é natural e desejável que a cultura também evolua. Você deve entender a cultura como algo vivo, que se transforma com o passar do tempo.

No caso do agronegócio, então, vale a pena lembrar que as mudanças são constantes e envolvem pontos como as oscilações nos preços das commodities, as variações de clima e tantos outros desafios externos, que fogem ao nosso controle.

Por isso, reforço a importância da realização de rituais para ativar a cultura na rotina. Mais uma vez, é o papel da alta liderança acompanhar isso, ver que rituais estão sendo feitos, se envolver em todos eles, avaliar quais estão dando certo na prática, e o que pode melhorar em cada um deles.

Eu participo de todos os nossos rituais de cultura na Cibra e, com muita frequência, já dou um feedback imediato para os colaboradores, destacando o que podemos melhorar aqui e ali. No caso do ritual Fatores de Sucesso, aquela reunião mais ampla, sobre a qual falamos no capítulo anterior, na qual são apresentados todos os resultados da empresa, sempre peço para ver a apresentação antes e me preparo para conversar com as pessoas. Estou sempre envolvido.

É possível fazer um paralelo entre a cultura organizacional e o cultivo de plantas. A palavra cultura vem de cultivar, nutrir, fazer crescer. Da mesma maneira que o fazendeiro cuida da sua cultura, o líder cuida da cultura da sua empresa. Um bom jardineiro nunca se descuida, está sempre de olho em como está a sanidade das plantas jovens e adultas, assim como cuida com muita atenção das mudas, acompanha as que estão verdinhas e as que precisam de mais cuidado. É a mesma coisa na empresa: a atenção a como as pessoas estão trabalhando e se relacionando deve ser permanente. Uma das prioridades dos líderes deve ser cuidar da cultura da organização.

Até porque, vale lembrar, a cultura se estabelece e cresce pelo exemplo.

A responsabilidade pelas atualizações de cultura

Não faz muito tempo, fizemos mudanças nos principais aspectos da nossa cultura na Cibra. Adicionei novos valores e até escrevi um novo Manifesto.

A nossa visão também foi revista. Levei o meu time, os diretores de todas as áreas da Cibra, para um local específico, fora de nosso ambiente de trabalho, para discutirmos atualizações importantes em nossa cultura. Fizemos isso durante três dias e saímos do encontro com as modificações culturais definidas e necessárias para a continuidade do crescimento da Cibra.

Enfatizo que quaisquer iniciativas de modificação na cultura devem ser conduzidas pelas altas lideranças da empresa. Embora consultorias possam contribuir com boas sugestões e incentivo a reflexões importantes, se o presidente junto com a diretoria e conselho (ou acionistas, donos, fundadores, quando não há conselho) não forem os guardiões da cultura e não estiverem completamente envolvidos com tudo que diz respeito às modificações nela, os colaboradores não só não acreditarão nas novidades trazidas como também não as praticarão no dia a dia. Na prática, vejo um bom número de empresas delegando essa função para especialistas externos, a quem é dada plena liberdade para mexer na cultura e realizar modificações nela, com as melhores intenções. Porém depois, na rotina, como os próprios líderes terão de primeiro acreditar nas mudanças e, em seguida, se adaptar a elas, sendo muito normal fazerem isso com dificuldade, o que costuma acontecer são os colaboradores não acreditarem no que está escrito ali; ninguém segue, nada é incorporado de verdade à cultura. Uma iniciativa só para inglês ver, digamos.

Eu acredito no debate simples e direto feito diretamente pela própria alta liderança da companhia: é olhar para a missão, para os valores, para a visão e parar para se perguntar: como a gente quer ser? O que podemos melhorar aqui? O que não faz mais sentido e precisa mudar?

Na nossa última revisão de cultura, por exemplo, incluímos valores como a obsessão pelo cliente, a inovação (sobre a qual tanto falávamos, mas não tínhamos registrada como valor) e a responsabilidade social e ambiental.

O meu Manifesto, apresentado algumas páginas atrás, destaca o fato de que eu continuo sonhando grande e que vou buscar junto com todos os times da Cibra, dia após dia, formas de continuar crescendo. Queremos que a Cibra seja sempre inovadora e admirada. O melhor ano da empresa será sempre o próximo. Na minha avaliação, é essa vontade que deve nos mover.

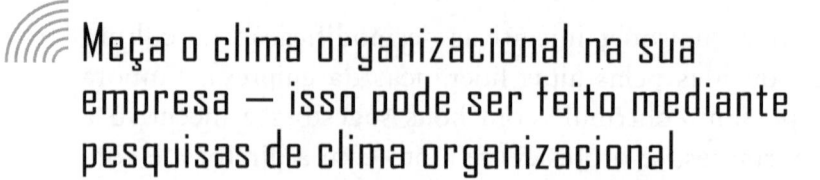

Meça o clima organizacional na sua empresa — isso pode ser feito mediante pesquisas de clima organizacional

Na prática, é possível pensar em métricas e indicadores para observar se estamos no caminho certo em termos de cultura? Quais sinais podem nos indicar se nossa cultura vai bem ou não?

No meu entendimento, há, sim, parâmetros relevantes para medirmos a qualidade de nossa cultura. E aqui recomendo, principalmente, a pesquisa de clima organizacional como elemento fundamental a ser aplicado. Isso porque esse levantamento aponta o nível de satisfação dos colaboradores, se estão ou não satisfeitos em trabalhar na empresa. Esse é um trabalho que deve ser feito repetidamente, pelo menos uma vez ao ano, de maneira organizada, para que se possa sentir como estão as coisas. E deve ser feito em organizações com muitos ou com poucos colaboradores.

É importante não confundirmos clima com cultura organizacional. O clima organizacional está relacionado a como está o ambiente de trabalho. É o que faz os colaboradores estarem satisfeitos e engajados; é o que os desagrada no ambiente de trabalho. Diz respeito a quanto o que você vê e escuta é verdadeiro na sua empresa; o quanto os colaboradores estão dispostos a dar o seu melhor, a ir além, pelo bem da empresa. Enfim, se a sua empresa tem um ambiente saudável ou não para se trabalhar. Eu, por exemplo, falo abertamente que eu quero que a Cibra seja a melhor empresa para se trabalhar.

Às vezes, o resultado pode variar de uma área para outra, por exemplo. É importante, porém, que o desempenho seja o mais próximo possível em todas as áreas da empresa. Na Cibra, nós adotamos a metodologia de diagnóstico de clima organizacional da consultoria global Great Place to Work (GPTW)¹, mas isso pode ser feito de forma mais simples, de acordo com as possibilidades da organização.

Sempre tive essa inquietude de medir o clima organizacional. Pouco depois que entrei na Cibra, em 2014, não tínhamos recursos para contratar um serviço especializado e eu mesmo elaborei uma pesquisa, que basicamente era um questionário contendo em torno de sete perguntas. Para isso, me inspirei no livro *Quebre Todas as Regras*², que, com base em dados coletados pelos autores, fala sobre as principais necessidades dos funcionários nas empresas. Imprimi tudo e pedi para as pessoas responderem, eram menos de 30 colaboradores que responderam, pelo que me lembro. Ou seja, você não precisa estar numa empresa grande para saber como está o seu clima organizacional.

Pergunte ao seu time como ele se sente, converse com as pessoas. Não há outro modo de descobrir, esse é o jeito mais simples. Se você tem um bom relacionamento com os funcionários, eles responderão. E não necessariamente dirão as coisas que você quer ouvir.

Em linhas gerais, a cultura é sólida e está saudável quando a pesquisa de clima revela que as pessoas gostam de trabalhar na empresa.

Para serem válidas, essas pesquisas devem ser anônimas. Isso porque essas iniciativas podem gerar receios nas pessoas, que podem temer falar algumas coisas e serem punidas. Deixe claro que você quer saber como as coisas estão para melhorar o ambiente de trabalho, e que será dada uma devolutiva a esse respeito. Sem orientação, as respostas podem vir com receio, raiva ou má intenção. Tenha perguntas na sua pesquisa que incentivem as pessoas a trazer sugestões, ideias de melhorias sobre processos e formas das pessoas se relacionarem umas com as outras.

O mais importante numa pesquisa de clima não é o resultado em si, mas o que você faz com ele. Colaboradores satisfeitos entregam mais, enquanto os não satisfeitos fazem o mínimo, quando não fazem sabotagens internas.

> **MONTE SUA PRÓPRIA PESQUISA DE CLIMA**
>
> **Orientação:** use as perguntas a seguir ou adapte-as, conforme as necessidades de sua empresa, para saber como anda a satisfação das pessoas que trabalham nela. Elas devem ser respondidas de forma anônima, para que seus colaboradores se expressem com o maior nível de transparência possível. Atente-se em mesclar questões de respostas fechadas de "sim" ou "não" com perguntas abertas, solicitando detalhes e explicações (para isso use o "por quê").
>
> 1. Sei o que esperam de mim no trabalho?
> 2. Tenho os recursos necessários (materiais, equipamentos etc.) para fazer o meu trabalho corretamente e de forma segura?
> 3. No meu trabalho, tenho a oportunidade de fazer o que faço de melhor todos os dias?
> 4. Nos últimos sete dias, recebi algum reconhecimento ou elogio por fazer um bom trabalho?
> 5. Meu supervisor, ou alguém do meu trabalho, parece importar-se comigo como pessoa?
> 6. Há alguém no meu trabalho que estimula o meu desenvolvimento?
> 7. Tem alguma queixa, sugestão ou elogio? O que poderia ser mudado para melhor no ambiente de trabalho?

Turnover

Se os melhores colaboradores permanecem pouco tempo na empresa, isso é um sinal importante de que a cultura está com problemas. A perda frequente de talentos é muito grave porque a sua companhia investe tempo e dinheiro em treinar as pessoas e esses recursos se perdem com a sua saída, sendo necessário investir novamente nos colaboradores que chegam. Se as melhores pessoas estão sempre deixando a empresa, isso é um indicador claro de que elas não se sentem bem trabalhando nela, não se identificam com a cultura.

Na Cibra, o nosso turnover (ou rotatividade de pessoas) está próximo de 10%. Nós o consideramos elevado e queremos reduzi-lo para 5%. Na minha avaliação, as empresas do agronegócio deveriam ter como meta uma rotatividade máxima entre 5% e 10%. Para você entender a gravidade do que estamos falando, uma companhia com um turnover anual de 20%, ao final de cinco anos, terá substituído 100% dos colaboradores, ou a metade deles duas vezes.

Acima de tudo, as pessoas precisam sentir que as empresas estão focadas no seu bem-estar, que se esforçam para que elas estejam satisfeitas em trabalhar. Tem a ver ainda com o cuidado em contratar bons profissionais e oferecer treinamento qualificado e permanente. Como disse, se uma pessoa sai, todo esse ciclo precisa recomeçar.

O outro lado da moeda é a cautela em não ser tolerante demais a ponto de deixar os maus profissionais ficarem. Pessoas que não estão alinhadas com a cultura geralmente não trabalham bem, assim como não se deve tolerar pessoas que, apesar de oportunidades, feedbacks e treinamento, nunca conseguem os resultados esperados

Olhe para a satisfação de parceiros externos e os resultados da empresa

Quando a cultura é clara e consolidada, ela vai além e chega até os públicos externos de sua empresa, como clientes e fornecedores. Eles serão mais bem tratados e terão genuíno prazer em fazer negócios com sua empresa quando os seus colaboradores estão bem alinhados, acreditam no trabalho que fazem e cooperam para que as entregas sejam feitas com eficácia e eficiência. A comunicação e os processos que envolvem fornecedores e clientes fluem com tranquilidade, e o que é acordado entre as partes acontece conforme o combinado.

Na Cibra, usamos a metodologia Net Promoter Score (NPS)[1] para verificar o nível de satisfação dos nossos clientes, um recurso importante para implementar e acompanhar melhorias. Se você já respondeu um dia a um questionário do tipo "De 1 a 10, você recomendaria o nosso serviço para um amigo?", sabe do que eu estou falando. Nesse contexto, 9 e 10 são os únicos resultados bons; 8 já não é um resultado interessante.

Se o seu faturamento, lucro e geração de caixa estiverem crescendo ao longo dos anos, isso também é, a meu ver, sinal de uma cultura forte. Resultados consistentes só aparecem se a empresa estiver trabalhando bem. Quanto mais engajamento, mais produtividade e melhores resultados. Todos saem ganhando. E empresas que têm resultados crescentes e sólidos desfrutam ainda de elevada credibilidade perante o setor financeiro, obtendo condições de financiamento diferenciadas, em termos de taxas e prazos de pagamento.

Para avaliar como está a solidez da sua cultura organizacional, João Cordeiro é muito feliz ao recomendar que você analise como está a evolução do faturamento e do lucro por colaborador em sua empresa nos últimos cinco anos. Basta dividir os faturamentos e lucros anuais pelo número total de funcionários para chegar aos valores per capita. Se o faturamento e o lucro por empregado forem crescentes no período, você tem um ótimo sinal de que sua cultura é forte. Se os números estão em tendência contrária, isso significa que sua cultura está com problemas, a qualidade do trabalho das pessoas deixa a desejar, é preciso descobrir o que está acontecendo e promover mudanças culturais[2].

Desculpas e vitimização

Além da pesquisa de clima não avançar, o turnover ser alto, a perda constante de talentos para a concorrência, a existência de comentários ruins sobre a organização no LinkedIn e em outras redes sociais (e dentro da própria empresa) e as pessoas viverem desanimadas, se elas também sempre dão desculpas e se vitimizam, culpando a outros e a fatores externos (ex.: condições econômicas do país, política e seja lá o que for), por apresentarem baixos resultados, você tem mais um indicador que demonstra a fragilidade de sua cultura.

Ou seja, a chamada desculpability[3], ou o hábito de dar desculpas, também é sinal de uma cultura com problemas. Se as pessoas vivem dando desculpas e se colocando no papel de vítimas em sua companhia, isso não é um bom sinal. Significa que não estão comprometidas, não gostam do trabalho que fazem e não assumem completa responsabilidade pelo próprio desempenho. Não gostamos nem um pouco disso na Cibra. Eu, particularmente, detesto quem joga a culpa no mundo, quem não assume a responsabilidade pelos seus atos. Por isso, como temos uma cultura forte, reforçamos diariamente a importância de não tolerarmos a desculpability, entre tantos outros assuntos mais.

Estamos sempre atentos a tudo o que acontece todos os dias em nosso ambiente de trabalho. Para nós, é prioridade fazer o que estiver ao nosso alcance para que os nossos colaboradores trabalhem de forma cooperativa e harmônica e sejam produtivos e felizes na empresa. E essa é a principal recomendação que eu faço a você no sentido de consolidar e manter uma cultura forte na sua organização.

No próximo capítulo, mostrarei como criamos uma cultura forte na Cibra e temos trabalhado para mantê-la atualizada e sólida.

CAPÍTULO 6

Case Cibra: Como crescemos acima do mercado por 10 anos?

> (...) se você realmente quer fazer sua empresa alcançar um crescimento vigoroso e sustentável em médio e longo prazos, recomendo fortemente que olhe para sua cultura organizacional, mapeie o que precisa ser melhorado nela e implemente mudanças.

A Cibra está entre as cinco maiores empresas produtoras de fertilizantes do país. Quando assumi a companhia em 2012, era um negócio que se encontrava numa situação financeira bastante delicada e tinha baixíssima participação de mercado. Não tenho dúvidas de que o crescimento impressionante do nosso negócio nos últimos dez anos aconteceu graças às profundas mudanças de cultura organizacional que temos continuamente feito na companhia. Insisto em dizer: se você realmente quer fazer sua empresa alcançar um crescimento vigoroso e sustentável em médio e longo prazos, recomendo fortemente que olhe para sua cultura organizacional, mapeie o que precisa ser melhorado nela e implemente mudanças.

Para começar, reforço que a missão do líder é fazer a empresa crescer e criar condições para que todos os stakeholders sejam beneficiados com esse crescimento. No caso dos colaboradores, quando a empresa cresce, eles têm a oportunidade de avançarem em sua carreira dentro dela. Se o líder não faz isso, que função tem então?

Voltando um pouco no tempo, para apresentar todo o contexto, compartilho com você a minha história com a Cibra. Fundada em 1994, pelo grupo Paranapanema, a empresa se chamava Cibrafértil. Em 2012, foi comprada pelo grupo norte-americano Omimex a partir de seu braço de fertilizantes, o Abonos Colombianos (Abocol).

Eu era diretor comercial da Abocol, na Colômbia. Lá, tive oportunidade de crescer muito profissionalmente. No início tínhamos pouca presença de mercado e, em algumas regiões do país, éramos desconhecidos. Em alguns anos, conseguimos expandir o negócio dentro do país, e ainda estabelecer filiais em vários países, como México, alguns países da América Central, Peru e Bolívia. Junto com um time multidisciplinar, desenvolvemos um negócio novo para a empresa: a criação de um fertilizante especial, feito de nitrato de cálcio solúvel. Nós o concebemos para ser usado em diferentes tipos de solos e culturas e o produzimos, inicialmente, numa pequena planta piloto. Rapidamente ele se tornou um sucesso comercial e construímos uma moderna planta de produção na Colômbia. Foi um grande investimento. Uma ideia que já nasceu com foco internacional e foi um sucesso.

O nosso desafio foi escalar com agilidade a produção, e ao final, conseguimos clientes em 40 países dos 5 continentes. Para fazer isso, eu rodei o mundo. O Brasil era um desses mercados e, por conta disso, eu já tinha vindo aqui, estudei o mercado e assim foi possível para os meus pares e superiores na Abocol enxergarem as grandes oportunidades de crescimento que existiam no país. A partir desse trabalho, a Abocol decidiu comprar a Cibrafértil. A minha escolha para liderar a companhia no Brasil aconteceu de forma natural.

Na Abocol, já existia uma cultura focada nas pessoas, eu já tinha essa boa referência e tinha aprendido muito. Isso fez toda a diferença no modo como nós conduzimos a operação da Cibrafértil. A empresa, aliás, foi escolhida para a compra por ser pequena e estar em dificuldades financeiras. Se não desse certo o processo de reestruturação dos negócios da Cibrafértil, o prejuízo seria baixo. Ou seja, para a Abocol foi um investimento de baixo risco cujo potencial de dar certo era muito maior do que o contrário.

Cadê a minha cadeira?

Como estive diretamente envolvido na aquisição da Cibra, eu sabia que teria um importante desafio de conduzir seu turnaround. Mas o buraco era bem mais embaixo: não imaginei o cenário desolador que encontraria. As condições físicas e de higiene de nosso escritório, que ficava dentro das instalações da fábrica, em Camaçari, na Bahia, eram muito ruins. O banheiro feminino estava degradado. Era necessária uma reforma básica urgente, seguida de uma bela faxina. A sensação que eu tive foi de que as pessoas eram negligenciadas, e os processos da empresa, muito defasados.

E isso não era tudo. Em meu primeiro dia de trabalho, 01 de outubro de 2012, por sinal a data do meu aniversário, fui recebido na fábrica pelo superintendente da empresa na época. Havia muita desconfiança quanto à minha chegada.

Na ocasião, me deram aquela que era, de fato, a melhor sala do local. Havia apenas um detalhe: não tinha cadeira para mim. Quando pedi uma cadeira para eu trabalhar, ouvi uma resposta inusitada: não tinha cadeira, e se me dessem uma, alguém teria que trabalhar em pé. Peguei o meu carro, um Gol 1.0 alugado, sem ar-condicionado e sem direção hidráulica, e sem conhecer nada fui até o centro de Camaçari em busca de uma loja de móveis de escritório. Por fim, comprei uma peça branca e com o estofado que imitava couro de cobra (foi a única que encontrei naquele momento). Ela me acompanhou por anos e até hoje está guardada como recordação.

Tendo onde sentar, providenciei Wi-Fi para a unidade, o que não existia até então. Todo mundo usava internet a cabo, direto nos computadores. Para falar a verdade, as instalações da Cibra lembravam um prédio em ruínas, com janelas quebradas, pintura descascada, paredes sujas e tudo muito feio.

Nesta fase de transição, logo após a aquisição da Cibrafértil, quando todos os processos e pagamentos ainda eram feitos pela Paranapanema, eu fiquei desesperado e pedi a eles que me cedessem alguns funcionários que conhecessem os processos do administrativo para me ajudar a entender como as coisas funcionavam. Eles me passaram uma lista com os nomes de 15 funcionários da área administrativa da Paranapanema que poderiam me ajudar. Foram desligados na hora, sem saber o que estava acontecendo com eles, colocados numa van e mandados para a Cibra para trabalhar comigo. Lembro até hoje das expressões das pessoas chegando para trabalhar e se sentindo perdidas. Sem falar que não havia mesas e cadeiras para todos, como aconteceu comigo. Precisamos alugar tudo, já que não tínhamos dinheiro para comprar. A gente começou trabalhando com mesas, cadeiras, computadores e até ar-condicionado e bebedouro alugado.

No que se refere aos processos, era tudo tão enrolado que precisávamos de até sete níveis de autorização para que um parafuso fosse comprado.

Foi nessas condições quando começamos a trabalhar a cultura da empresa. Havia muita desconfiança entre as pessoas, baixo comprometimento e descrença para com o futuro da empresa. O ambiente de trabalho era tenso e boa parte dos colaboradores viam seu trabalho apenas como um mero emprego, entregando bem aquém do que podiam.

Uma das primeiras medidas que tomei foi sentar com os funcionários e expor a realidade da empresa. Fiz uma reunião equivalente ao atual formato do Fatores de Sucesso. Lembro que escrevi os resultados por área e os objetivos num quadro, na minha sala mesmo. E também mostrei informações sobre o potencial do mercado brasileiro junto com algumas projeções de onde poderíamos chegar se trabalhássemos bem. Deixei algumas mensagens bem claras nessa reunião: daquele dia em diante, a transparência nas relações e nas informações estaria presente no dia a dia da empresa; a Cibra tinha, sim, muito boas chances de prosperar; e quem acreditasse no futuro da companhia e continuasse no time, disposto a trabalhar duro em prol da construção de uma nova Cibra, teria boas chances de ser recompensado, conforme os resultados fossem evoluindo.

Assim como parte da equipe acreditou no sonho de uma nova Cibra e continuou conosco na empresa, outra parte não acreditou e tivemos de fazer muitas demissões ao longo do meu primeiro ano à frente dos negócios. Também contratamos pessoas e conseguimos compor uma equipe minimamente capaz para podermos avançar.

Outra medida rápida que tomei foi melhorar as instalações da nossa fábrica e escritório: reformamos os banheiros, começando pelo banheiro feminino, trocamos portas e janelas quebradas, pintamos o prédio, revisamos e atualizamos os procedimentos de segurança no trabalho. Manter os diferentes ambientes de trabalho sempre limpos e organizados também passou a ser prioridade.

O nascimento de uma nova empresa

Começamos a trabalhar o conceito de senso de dono entre o time: as pessoas teriam autonomia para decidir e realizar seu trabalho individualmente e em equipe e, ao mesmo tempo, assumiriam plena responsabilidade pelos seus resultados. Quero deixar claro aqui que foi a mudança cultural feita ao longo do tempo, e que segue até hoje, afinal é um trabalho contínuo, que nos colocou numa trajetória ascendente. E que nos faz resistir a quaisquer idas e vindas do mercado, do clima, da economia, do que quer que seja.

Pedi, inclusive, que o meu superior da Abocol, no caso o CEO da empresa, escrevesse uma carta aos funcionários, um texto que desse respaldo a tudo aquilo que eu já estava fazendo. Fui gerando engajamento e confiança, literalmente trabalhando junto da equipe.

Fosse qual fosse a minha agenda, descia todos os dias até a fábrica, fazia questão. Conversava com todo mundo, sabia o nome de cada um, almoçava no refeitório e sentava junto com os colaboradores (aliás, mudei o fornecedor da comida, melhorando a qualidade e o sabor das refeições).

Nessa fase, como contei, houve algumas demissões de pessoas que simplesmente não se adaptaram aos novos tempos, à nova cultura. Para você ter uma ideia, um dos gestores comerciais desligados tinha por hábito chegar na empresa, trancar a porta da sala e lá passar o dia todo, sem falar com ninguém. Às 17h, ele saía para pegar o ônibus fretado e voltar para casa, sem que ninguém soubesse o que ele tinha feito ao longo do expediente. Um tipo de comportamento impensável na Cibra hoje.

Em questão de pouco mais de um ano, a Cibra já dava sinais claros de que uma nova empresa estava nascendo. O respeito, o profissionalismo, a dedicação ao trabalho e a cooperação entre os colaboradores foram para outros patamares. As pessoas estavam trabalhando em harmonia e podiam confiar umas nas outras. E eu e os gestores continuamos fazendo reuniões periódicas para que todos sempre estivessem atualizados dos resultados alcançados, mês a mês. Como consequência, nossos indicadores comerciais e financeiros passaram a melhorar continuamente.

Mais de 71 vezes

E foi assim, passo a passo, ano após ano, que passamos de um faturamento de R$70 milhões em 2012 para R$5 bilhões em 2021. Um crescimento de mais de 71 vezes em quase dez anos, que eu, mais uma vez, atribuo à transformação cultural feita na Cibra, ao fato de os nossos colaboradores terem se tornado protagonistas, pessoas responsáveis pelo sucesso da Cibra e pelo próprio sucesso de suas carreiras.

Para que você tenha uma ideia de como isso é forte entre nós, outro dia acompanhei uma apresentação no nosso Diálogo Diário de Eficiência (DDE) feita por uma recepcionista da fábrica de Camaçari. Ela falou sobre o seu trabalho e sobre a importância do fluxo de entrega de documentos, entre outros pontos, colocando tudo com muito capricho. Aqui é assim: as pessoas são protagonistas, independente da sua posição na empresa; têm a oportunidade de mostrar o seu trabalho para todos; sabem da importância do seu trabalho e como ele contribui para a Cibra como um todo.

E nada aconteceu do dia para a noite em termos de cultura, foi um processo, um cuidado que, de verdade, segue até hoje, que não pode deixar de existir.

O ano de 2017 foi muito crítico, e precisamos passar por mais uma ampla reestruturação na empresa, com várias mudanças em cargos de direção e demissão de pessoas que estavam desalinhadas com os nossos valores. Fizemos importantes atualizações em nossa cultura organizacional, definimos novos valores, alteramos nossa missão, elaboramos um novo plano de negócios e o apresentamos aos acionistas, que o aprovaram de forma unânime. Contaremos como foi essa transformação em 2017 no Capítulo 12.

Próximo e transparente

Como líder, penso que acertei ao buscar ser próximo do time e transparente. Sempre trabalhei muito, dando o exemplo. Muitas vezes, comia pizza às 22h com a equipe da contabilidade, que ainda estava na empresa, pois os nossos processos ainda deixavam a desejar. Visito fazendas com os funcionários da área comercial, almoço no campo, vou até as cooperativas agrícolas. Trabalho ombro a ombro, lado a lado com os colaboradores.

Dou ideias, participo, faço parte das rotinas. E isso de capacete e luva, no chão de fábrica. Ou em reuniões com bancos, para conversar sobre financiamentos para nossas operações e investimentos. Sou um presidente disposto a apoiar as equipes das diversas áreas da Cibra no que for preciso.

Conquistei o respeito do time por meio das minhas atitudes e das minhas crenças. Trouxe uma meta ambiciosa e clara para a empresa, um plano de negócios ambicioso, mas atingível. Sentei-me com todos os gestores e promovemos mudanças em nossa cultura, nos nossos valores, estabelecendo tudo aquilo que queríamos para a empresa.

Nesse contexto, foi fundamental termos feito a reestruturação que fizemos em 2017 e eu ter escrito o meu primeiro Manifesto em 2018, deixando bem claro o que eu queria para a Cibra e esperava de nossos colaboradores. Usamos o Manifesto permanentemente em nosso dia a dia e em várias reuniões. Hoje, já temos uma nova versão dele e ele é realmente uma referência forte. Os nossos colaboradores precisam vivenciar de fato a nossa cultura, se identificar com ela. Para a minha alegria, é exatamente isso que acontece na Cibra.

Como consequência de todo esse trabalho focado em construir uma cultura sólida, temos um time aberto, colaborativo e transparente. Valorizamos as conquistas coletivas, somos guiados pelos nossos valores. Há muita cooperação entre as nossas áreas. Não permitimos que uns passem por cima dos outros. Na Cibra, ninguém persegue destaque individual, não queremos estrelas que brilhem sozinhas. Se a empresa vai bem, todo mundo sai ganhando. Se estamos enfrentando dificuldades, buscamos soluções em grupo para os problemas, sem jamais ficar atrás de culpados.

Se crescemos tanto, é porque foi feito um trabalho sério de cuidar de nossa cultura. Foi um verdadeiro trabalho de criar condições para que as pessoas entendam e vivam o trabalho de acordo com a missão, visão e valores da Cibra.

No próximo capítulo, contarei como fiz a transição de um profissional técnico para me tornar um líder.

PARTE 3

O LÍDER

CAPÍTULO 7

O agrônomo que virou gestor de pessoas

> *(...) para ser um líder de verdade (...) você precisa voltar a sua atenção para as pessoas, investir seu tempo em conhecê-las e criar um bom relacionamento com elas, baseado em transparência e confiança.*

Confesso que, no início da minha jornada como gestor, primeiro fui chefe. Somente depois, com o tempo, é que me tornei líder. Mas, mesmo sem saber de nada do que sei hoje, sempre quis trabalhar junto com a equipe, estar perto, participar das rotinas, visitar os clientes, colocar a mão na massa, não apenas dar ordens e esperar que elas fossem cumpridas.

Em minha primeira experiência como líder, ainda na Colômbia, era gerente comercial e acompanhava o trabalho de um supervisor de vendas, que por sinal era mais velho do que eu. Minha atitude, na ocasião, era a de ajudar mesmo. Foi tranquilo, aprendi muito, nunca tivemos problemas de relacionamento.

Agora eu sei que o chefe é aquele que não sai da sua mesa e que dá ordens mesmo sem conhecer bem os processos; que pouco se envolve, mas quer ver os resultados. Nesse sentido, mesmo sem saber nada sobre liderança no começo da minha carreira, tinha a intuição de que o melhor a fazer era estar próximo, buscar o envolvimento com o time, era muito natural, para mim, agir assim. Até porque, como contei, aprendi isso na minha infância e adolescência convivendo com meu avô e tios e vendo a forma como eles conduziam as pessoas na fazenda.

Voltando um pouco no tempo, essa vontade de colaborar surgiu antes mesmo de liderar uma equipe propriamente dita. Desde jovem, gostava de me mostrar, no bom sentido; queria que os meus gestores me vissem e percebessem meu trabalho. E eu buscava sempre que possível estar próximo deles, pois tinha sede de aprendizado e queria muito crescer.

Certa vez, ainda na Colômbia, a empresa em que trabalhava estava para receber a visita de seu presidente mundial, um executivo alemão. Me ofereci para buscá-lo no aeroporto. Como o meu carro estava quebrado, encarei a missão de ir até lá numa picape antiga e malcheirosa que a companhia disponibilizou para tanto. Mesmo constrangido por trazê-lo naquele veículo todo acabado, não queria perder a oportunidade de conhecer aquele homem, de conversar com ele.

Ele era muito alto e trouxe uma mala imensa. Tive que escalar a grade de madeira da picape para colocar a bagagem lá em cima, mas deu tudo certo. Fiquei feliz por ter feito aquele contato. Ser comunicativo e aberto a todas as oportunidades de crescimento foram duas habilidades importantes para eu chegar até aqui, para que pudesse compartilhar a minha história com você.

Desses primeiros tempos, não esqueço ainda de uma outra história que contribuiu para o meu desenvolvimento profissional. Certa vez, um senhor que trabalhava na área de pesquisa e desenvolvimento e a quem eu admirava muito, me deu de presente um livro durante uma reunião. Era um exemplar de *Optimismo Total*[1] de Arnold e Barry Fox.

O presente veio com uma dedicatória linda e me proporcionou uma reflexão muito importante a respeito daquilo que eu queria para mim. Trata-se de uma obra que fala da importância de levantar depois de cada queda, de ir além, com mais força e mais sabedoria. Ou, como se diz no Brasil, de se levantar, sacudir a poeira e dar a volta por cima, como o compositor Paulo Vanzolini escreveu na canção "Volta por Cima", que é tão conhecida no país.

Fiquei orgulhoso de ver como aquele homem, a quem eu tanto admirava, viu em mim, naquela época, a semente de um líder. Anos depois, dei um exemplar do livro para cada um dos meus filhos, para que eles nunca se esqueçam dessa base, da essência do otimismo e da evolução para se relacionar consigo e com as outras pessoas.

Adaptação a diferentes estilos

Por ser engenheiro agrônomo de formação, comecei a minha carreira de forma muito técnica. Com o tempo, depois de passar por diversas experiências, me arriscar, aprender, conviver com diferentes perfis de pessoas no dia a dia, fazer cursos específicos sobre gestão de pessoas e liderança, fui me desenvolvendo até me transformar no líder que sou.

A lição mais importante de todas: para ser um líder de verdade, para evoluir, apresentar resultados concretos e levar o seu time a crescer junto, você precisa voltar a sua atenção para as pessoas, investir seu tempo em conhecê-las e criar um bom relacionamento com elas, baseado em transparência e confiança.

Nas áreas de formação mais comuns no agronegócio, você aprenderá a ser técnico, mas pouco ou nada verá sobre gestão de pessoas e liderança, conhecimentos que você deve buscar por fora.

Foi na Abocol, na Colômbia, que comecei a ter toda essa parte conceitual que me ajudou tanto no cotidiano do meu trabalho. Foi lá que eu fiz um curso da consultoria Franklin Covey sobre liderança situacional. Lembro até hoje de uma atividade na qual precisávamos nos colocar no lugar do outro. Foi um aprendizado e tanto: são muitos os tipos de personalidade, somos muito diferentes, por isso é tão importante sermos capazes de ouvir, buscar entender, sabermos nos adaptar a cada time, a cada situação.

Entender isso me ajudou a liderar. Passei a cuidar melhor da minha comunicação, por exemplo, do modo como busco falar e ouvir. Procuro ter um bom diálogo com todos, circular, aprendi muito com essa interação. Até porque o feedback como conhecemos atualmente não existia há algumas décadas, não havia consciência da importância desse retorno, dessa interação entre gestores e colaboradores.

O foco sempre esteve nos processos (e até hoje ainda é assim em muitas empresas do agronegócio), no como fazer as coisas, quase nunca no modo como nós devemos nos relacionar com o time.

À medida que fui amadurecendo como líder, mudei minha forma de me relacionar com as equipes que liderei. Dar e receber feedbacks, por exemplo. Quando comecei a parar para sentar e dar feedbacks para as pessoas, eram feedbacks típicos de um "chefe", cheios de instruções. Eu não estava disponível para ouvi-las e não sabia ouvi-las. Hoje meu comportamento é totalmente diferente. Quando converso com um colaborador, peço que ele diga como avalia o que está sendo dito e dê sugestões, assim como dou abertura para que coloque sua visão sobre como posso contribuir com ela, o que está faltando em relação ao meu papel como líder.

Busco estimular as pessoas a se desenvolverem, a trabalharem as suas competências e habilidades mais e mais a cada dia. Se queremos resultados, precisamos pensar nisso, ter um plano para o desenvolvimento das pessoas de nosso time.

Simples e acessível

Como líder, me defino como simples e acessível. Não sou arrogante e, como já compartilhei aqui, gosto de conversar com todo mundo, independentemente da hierarquia, do cargo que a pessoa ocupe na empresa. Sou um gestor que acredita e pratica todos os valores da Cibra.

Por valorizar a boa comunicação, procuro ser claro, o mais claro que posso ser, ao falar com a equipe. Peço a todos que se envolvam e apresentem as suas ideias e observações.

Participo de 100% das contratações da empresa, faço questão de entrevistar os candidatos finalistas para as nossas vagas. E isso vai desde os estagiários até as vagas para a diretoria. Entrevisto pelo menos 100 pessoas por ano. Não conheço outro líder que faça questão de entrevistar, e conhecer, todos os candidatos a serem contratados pela empresa. É uma tarefa que me fez desenvolver uma certa sensibilidade a respeito do assunto, ao ponto de, em algumas ocasiões, me encantar com candidatos e contratá-los mesmo com o nosso headhunter (consultor de recrutamento e seleção) tendo-os descartado. Tempos depois aquelas pessoas acabaram se convertendo em colaboradores excepcionais. Hoje em dia, eu foco no "fit cultural", ou seja, a minha conversa com o candidato é focada em avaliar se a pessoa se ajusta ao nosso perfil em relação a valores e comportamento, se a pessoa vai se adaptar ao *Jeito Cibra de ser*.

Por outro lado, em outras ocasiões, houve candidatos que encantaram pelas credenciais, mas, de algum modo, eu senti que aquelas pessoas estavam falando determinadas coisas só para agradar, não eram genuínas. Assim, decidi que não deveriam ser contratadas.

Além disso, tenho a consciência de que preciso ajudar a preparar novos líderes para a companhia. Faço isso dando todas as oportunidades para quem tem potencial, apresento situações desafiadoras para que a pessoa possa aprender a lidar com elas, assuntos complexos, dou feedbacks frequentes e assim por diante.

Há algum tempo, identifiquei um forte potencial de liderança num colaborador da área de Tecnologia da Informação da Cibra. Após refletir sobre suas competências e habilidades e conversar bastante com ele, decidi transferi-lo para a área de Planejamento de

Operações, na qual fez um belo trabalho. Atualmente ele é o *head* (líder) de Inovação e Planejamento Estratégico da Cibra. Ele não tinha treinamento formal em inovação, mas percebi que contava com as condições essenciais para construir a área, ajudando a equipe a amadurecer e elevando muito a qualidade dos resultados entregues. De fato, a escolha mostrou-se acertada e ele tem feito um bom trabalho nesta posição.

É nisso que eu acredito: no apoio, no incentivo, no estímulo à evolução de todos os integrantes do time. Infelizmente, esse modo de ver as coisas ainda não é frequente em boa parte das companhias no agronegócio. Em muitas delas, na minha avaliação, ainda há mais chefes ao velho estilo comando-controle do que líderes, o que só gera insegurança e medo nas pessoas. Sem colaboradores motivados, envolvidos e dispostos a dar o seu melhor, nenhuma empresa vai longe.

Pontos a melhorar

Não poderia encerrar este capítulo sobre a minha trajetória de engenheiro agrônomo a CEO sem compartilhar o que sei que posso e devo melhorar como líder. Não é porque você ocupa uma posição de diretor ou presidente que não há nada mais a ser aprendido, melhorado e evoluído. Muito pelo contrário: os melhores líderes são aqueles que estão continuamente evoluindo, desafiando-se, buscando autoconhecimento, buscando sempre melhorar as condições de trabalho para suas equipes. Liderança é aprendizado para toda a vida!

Em primeiro lugar, sei que devo dar ainda mais espaço às pessoas, criar mais condições para que elas expressem as suas ideias e sugestões para a resolução de problemas e o aproveitamento de oportunidades. Eu me considero um tanto impaciente nesse sentido. Às vezes, acabo me antecipando, apontando eu mesmo soluções para resolver os desafios que se apresentam. Preciso lidar melhor com a minha ansiedade, dar mais tempo para que a minha equipe se organize e possa resolver as dificuldades completamente por conta própria.

Outro ponto que tenho buscado melhorar em mim é passar a pensar mais nos riscos, no que pode dar errado. Sou bastante otimista, vejo sempre o copo meio cheio. Preciso me obrigar a dar mais atenção ao outro lado da moeda, ter mais cautela, ver tanto os pontos positivos como os negativos, colocando tudo junto na balança antes de tomar uma decisão.

No aspecto pessoal, e também no profissional, às vezes demoro a aceitar quando cometi algum erro ou fui teimoso demais.

Por fim, quando estou na fase de planejamento de um novo projeto ou ideia, tendo a subestimar as dificuldades na fase de implementação. Já cometi esse erro no passado e hoje em dia sou mais consciente de que tudo no papel é lindo, mas, na hora da execução, sempre surgirão dificuldades ou imprevistos que farão o caminho bem mais difícil do que se imaginava inicialmente. Aprender a lidar de forma cada vez melhor com a gestão de riscos e incertezas é uma arte e uma prioridade para mim.

E você? Como foi a sua trajetória como líder até aqui? Quais são os seus pontos fortes? Em que aspectos pode melhorar?

No próximo capítulo, falarei do que são feitos os bons líderes. Assim, você obterá importantes insights para o seu desenvolvimento enquanto líder.

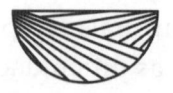

CAPÍTULO 8

As características de um bom líder

(...) enquanto o chefe é duro, impositivo, controlador e causa medo, o líder inspira e envolve os outros com a sua visão

Uma das fábricas de fertilizantes da Abocol em Cartagena, na Colômbia, tinha tantas iguanas nos arredores que o animal virou uma espécie de mascote da empresa ao ponto da área de Segurança do Trabalho o adotar como símbolo das campanhas em prol de melhorar o ambiente de trabalho dentro das fábricas. Um dia, para ajudar a divulgar uma dessas campanhas de segurança, apareceu, no refeitório, na hora do almoço, alguém vestido de iguana. Foi realizada uma minipalestra sobre o assunto e o personagem ficou o tempo todo ao lado da pessoa do RH responsável pela iniciativa. Ao final da apresentação, a iguana tirou a máscara: o homem por trás da fantasia era Jorge Bernal, o CEO da empresa, um dos líderes que mais me inspiraram (e inspiram) até hoje.

Para mim, Bernal é um exemplo de trabalho em equipe, humildade, sabedoria, dedicação e liderança. Escolhi essa história dele para abrir este capítulo porque, nas próximas páginas, vamos refletir justamente sobre o que faz um bom líder.

O primeiro ponto deste debate: chefe não é líder. Chefes mandam e pronto. Raramente estão abertos a ouvir as pessoas, a colaborar, trabalhando lado a lado, com elas para a resolução de dificuldades. Quase sempre, acham que sabem tudo, têm baixa tolerância com erros e falhas e, quando as coisas não saem do jeito que gostariam, buscam identificar culpados e puni-los. Os líderes agem ao contrário, atuando para:

- Influenciar positivamente as pessoas.
- Ajudar na busca de soluções para problemas complexos.
- Compartilhar ideias que façam a diferença para a empresa.
- Incentivar as pessoas a aprender, a assumir riscos controlados e a desenvolver-se.

O líder é aquele capaz de traduzir para a equipe a cultura organizacional da empresa, ou seja, cria condições para que elas entendam o porquê de estarem fazendo o que fazem, mostrando como o seu trabalho contribui para melhorar a empresa, a vida dos clientes e da sociedade. Ele é aquele que aponta caminhos e, ao mesmo tempo, estimula os colaboradores a pensar e agir com autonomia na resolução dos problemas e a apresentar as suas ideias uns para os outros para que haja colaboração. E tudo isso de forma horizontal, lado a lado, numa parceria mesmo. O líder dá o exemplo, sempre busca fazer o seu melhor, conhece e incentiva o melhor em cada um.

E isso, devo dizer, só consegue quem tem paixão pelo que faz, quem sonha grande e tem uma elevada autorresponsabilidade. Não é como vários chefes, que só cumprem tabela, dão ordens, esperam que os outros resolvam a maioria dos problemas por eles e esperam o expediente acabar para ir embora.

O líder tem valores alinhados com os da empresa e passa isso para todos, tem coerência em todas as suas atitudes.

No agronegócio, infelizmente, ainda há, na minha avaliação, mais chefes do que líderes. São gestores que agem baseados na autoridade, no exercício do poder. Há alguns que até são carismáticos, queridos dos colaboradores, o que não significa que têm capacidade de liderar.

Muito simpático e muito centralizador

Certa vez, conheci o presidente de uma empresa de porte médio do nosso setor com esse perfil. Era um homem extremamente simpático e muito generoso, os colaboradores o adoravam. Mas era muito centralizador. Ele achava que era papel dele na posição de presidente tomar todas as decisões, grandes e pequenas, do dia a dia da empresa. Ele simplesmente não acreditava que os seus gestores tivessem capacidade ou ainda o direito para decidir, pois o dono do negócio era ele. Ele tocava diretamente as compras, as vendas, a produção, e ainda interferia na área contábil da empresa, falando para os contadores o que fazer. Ele acreditava que, se delegasse alguma responsabilidade, os negócios da empresa não andariam. Ele não se permitia confiar que sua equipe era capaz. Tudo passava por ele, nem um só pedido saia da fábrica sem a sua autorização. Resultado: a empresa estava perdendo continuamente seus principais talentos, assim como participação de mercado, pois demorava a se mover, a se atualizar e a mudar. Essa empresa teve sérios problemas de fluxo de caixa depois de algum tempo, e o seu fundador não teve a capacidade, sozinho, de resolver o problema.

E aqui temos mais uma diferença entre o chefe e o líder: o primeiro centraliza e o segundo inclui. Penso que é preciso saber delegar, confiar nas pessoas, dar autonomia, estimular o desenvolvimento delas. Fui descobrindo isso aos poucos na minha trajetória como líder, percebendo que o trabalho fica melhor quanto mais condições proporcionamos para as pessoas aprenderem, para que elas assumam maiores responsabilidades e, assim, estejam em condições de receber maiores responsabilidades.

Os chefes se enxergam ainda como infalíveis e autossuficientes. Ego inflado e liderança são duas coisas que não funcionam bem juntas, que simplesmente não se dão bem, porque o ego gera distanciamento, faz os outros se sentirem diminuídos e gera ressentimento e desconfiança. É preciso ter humildade. É preciso ter em conta que a coerência na forma de pensar, falar e agir geram credibilidade e tornam o líder confiável.

Como CEO da Cibra, valorizo muito o falar e o ouvir. Uma boa comunicação é fundamental em todas as direções: de cima para baixo, de baixo para cima e horizontalmente entre pares. Nunca perca o foco na comunicação: ela deve ser transparente, clara e efetiva. Esse tema é tão vital que o Capítulo 10 será sobre comunicação e liderança.

Tenha a sabedoria de entender que, enquanto o chefe é duro, impositivo, controlador e causa medo, o líder inspira e envolve os outros com a sua visão, comporta-se de acordo com os valores e propósito da empresa, cria com eles um vínculo de colaboração (faz-se presente nos bons e maus momentos do dia a dia), ganha a sua mente e coração pelo exemplo, respeito e diálogo franco, convence-os com base em argumentos baseados em bom senso, fatos e números e estimula-os a trabalhar na construção de algo maior.

O líder sempre fala como nós, o que cria um senso de responsabilidade no grupo. Sobre esse ponto específico, destaco ainda que, diante do chefe, as pessoas sentem que não podem errar, que levarão bronca em público caso se arrisquem a fazer algo de forma diferente. Não ousam nem buscam o novo.

De minha parte, prefiro saber de todos os erros do meu time. Procuro dar bastante feedback, o que gera confiança, aprendizado e motivação.

Um líder educador

Além do Jorge Bernal, o homem-iguana do começo deste capítulo, outro líder me influenciou, me ajudou a deixar de ser chefe para ser o líder que eu sou hoje: estou falando do Álvaro Gonzalez, que era diretor de Produção na Abocol.

Ele escreveu um texto que eu considero um Manifesto, o "Manual de Sobrevivência do Engenheiro na Abocol". Era uma espécie de guia de como fazer as coisas na empresa. Aquilo me inspirou, adotei muitos dos princípios que ele colocou em seu trabalho.

Anos depois, eu fiz o meu manifesto na Cibra, e até hoje, depois de ter lançado uma versão atualizada dele, é uma ferramenta fundamental de alinhamento entre todos os colaboradores da empresa. Ele é usado no dia a dia para mostrar para onde devemos caminhar e como gostamos de fazer as coisas.

Além disso, Álvaro sempre teve retidão de caráter e sempre foi muito transparente e profissional, realmente um profissional admirável e muito competente na sua área. Estava constantemente pensando no melhor para a empresa e sempre acreditou que as empresas devem ter um papel importante na qualificação profissional de seus colaboradores, oferecendo a eles treinamento e oportunidades de crescimento. Ele era (é até hoje) um líder educador e considerava que uma das principais atribuições de um líder é ajudar a desenvolver as pessoas. Na Abocol, sempre tivemos a iniciativa de envolver o presidente, os demais diretores e o RH para criarmos em conjunto estratégias, ações, práticas e ferramentas de desenvolvimento que melhorassem as competências e habilidades dos colaboradores. De Álvaro carrego comigo o aprendizado valioso de que é fundamental estimular as pessoas, fazer com que elas se desenvolvam, que sejam melhores do que eles são.

Um líder que não julga

Preciso citar um outro líder muito importante na minha formação: Naresh Vashisht, acionista da Cibra e da Abocol. Aprendi com ele sobre como um líder constrói confiança com todos aqueles com quem trabalha, como escuta e apoia verdadeiramente seu time. No caso da Cibra, ele nos deu as condições necessárias para que a gente fizesse a empresa crescer. Ele nos deu autonomia, sem julgamentos e rótulos. Acreditou em nós, que demos conta do recado. Levamos a empresa longe sem que ele precisasse nos impor um caminho, sem dizer o que era certo ou errado.

Assumindo os erros

Líderes não são super-heróis; todo mundo erra e tem as suas fragilidades. Enquanto o chefe costuma esconder os erros, sempre culpa alguém por eles e raramente tem flexibilidade para mudar e evoluir, o líder assume as falhas e tem a humildade de pedir ajuda.

E é exatamente esse o espírito, o da resiliência, da capacidade de se sair melhor das adversidades. O verdadeiro líder é resiliente, se mantém de pé, aprende a adaptar-se frente às mudanças do mercado. Ao refletir sobre isso, sempre me lembro do meu avô Alberto, outra referência em liderança para mim.

Seu lema na vida era: *Pare, vuelva y monte* ("Levante-se e monte de novo", em português), numa referência às quedas de cavalo, tão comuns na fazenda, onde ele morava. Ao cair, levante-se e siga em frente. Até hoje repito a lição para os meus filhos, reforçando que, na vida, a gente tem mais é que se levantar, montar de volta no cavalo e continuar o caminho escolhido.

Liderar é exatamente isto: se levantar, montar de volta e seguir. Com valores sólidos, autoconfiança, autoconhecimento, respeito, coerência e capacidade de lidar com as mudanças, a gente alcança os melhores resultados.

Estratégia, Pessoas e Processos (Operação)

O tripé acima é sempre um bom guia de ação para um líder. Tive acesso ao conceito após a leitura de *Execução: A disciplina para atingir resultados*[1]. A ideia é que todo gestor pense no equilíbrio da sua atenção entre as três dimensões: estratégia, pessoas e processos. Mas isso sempre lembrando que os colaboradores estão na base de tudo, são eles que fazem os sistemas e processos acontecerem e garantem que a estratégia seja executada; e, é claro, podem e devem ajudar na sua melhoria.

Cada um deve dar a sua contribuição, sendo o líder o cuidador do bom andamento do tripé proposto. E aqui reforço a importância de o líder ser um bom comunicador, de gostar das pessoas, de sentir prazer em interagir com elas.

Botas sujas

Na minha avaliação, o líder do agronegócio deve, literalmente, sujar as mãos e as botas no campo. Precisa falar a mesma língua de seus colaboradores, estar junto, ter flexibilidade. Ter o calçado todo manchado de lama da fazenda traz muito respeito, digo isso por experiência própria. Pense nisso.

No próximo capítulo, vamos falar de uma habilidade fundamental da boa liderança: a capacidade de tomar decisões.

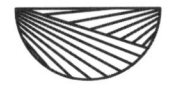

CAPÍTULO 9

Como o bom líder decide

> *O fundamental é que você saiba que precisa se responsabilizar pelas suas escolhas; e não culpar os outros se algo der errado.*

Você, enquanto líder, tem que tomar decisões o tempo todo, de todos os tipos e portes. Não tem jeito. E digo mais: cada decisão é uma escolha. Ao decidir, você sempre renunciará a algo.

A incerteza sempre fará parte do jogo e tudo bem. Não importa se os resultados de suas escolhas saiam errado, muitas vezes as coisas apenas tomam um rumo diferente. De repente, consequências imprevisíveis, não pensadas antes, podem trazer bons resultados. É preciso avaliar para saber.

O fundamental é que você saiba que precisa se responsabilizar pelas suas escolhas; e não culpar os outros se algo der errado.

Por isso, acredito que se responsabilizar pelas decisões e lidar com as consequências delas são os dois primeiros pontos a serem observados dentro do tema deste capítulo.

A partir da minha experiência, posso dizer que não há escolhas perfeitas. Sempre haverá prós e contras e nossas decisões sempre deverão considerar o que agregará mais benefícios e bem-estar aos clientes, colaboradores, fornecedores e comunidades envolvidas com a nossa empresa.

São muitas as variáveis em jogo. No agronegócio, por exemplo, há riscos em todos os processos decisórios. São muitas as incertezas, como mudanças no clima, no câmbio, nos preços dos produtos e assim por diante.

O gestor que quiser ter todas as informações exatas e confiáveis na mão para decidir, que quiser ficar esperando o momento ideal, nunca tomará atitude nenhuma. Ninguém pode ficar eternamente aguardando o cenário perfeito para agir.

Dados e feeling

Na minha trajetória de líder, aprendi a tomar decisões baseadas em dados e no próprio feeling. Não se pode ignorar o que sentimos diante dessa ou daquela situação, deixar de ouvir aquela voz interna que nos orienta a seguir para um lado ou para o outro. Não existe decisão 100% baseada em dados, nem 100% baseada em feeling. É preciso buscar um equilíbrio fino nesse sentido. Ou seja, ao tomarmos decisões, sempre devemos levantar dados suficientes e nos basearmos em fatos, mas não ignorarmos esse sexto sentido, que, na verdade, é a experiência acumulada que trazemos.

No livro *Mente Intuitiva: O poder do sexto sentido no dia a dia e nos negócios*[1], temos o relato de líderes de negócios que, diante de dados e informações confiáveis e favoráveis à concretização de investimentos e aquisições, por exemplo, recuaram porque sentiram que era o melhor a fazer. De acordo com o autor, Eugene Sadler Smith, todos temos um cérebro, mas duas mentes: uma analítica e outra intuitiva. E que todos saímos ganhando quando nos conectamos com a nossa intuição, afinal, a razão não dá conta de tudo. E a nossa intuição representa toda a nossa experiência acumulada ao longo do tempo, que está armazenada dentro de nós. Ela nos apresenta sensações físicas e emocionais quando estamos diante de deliberações importantes. É uma voz interior que precisamos sempre prestar atenção.

Observo que, quando se trata de avaliar a confiança num parceiro de negócios, por exemplo, vale muito a pena confiar na nossa percepção a respeito da pessoa. Isso, para mim, pesa mais do que qualquer avaliação técnica.

Lidando com a ansiedade

Nas entrevistas para novas contratações que faço na Cibra, gosto de perguntar às pessoas o que elas ouviram a respeito de pontos a melhorar de seu antigo gestor no último feedback que receberam. A maioria cita a ansiedade, a urgência em resolver tudo na hora, como um dos seus principais pontos de melhoria.

Fico me perguntando que impacto isso tem na tomada de decisões. Não se deve decidir nada com ansiedade. Não se trata de ser lento, mas de pensar antes de agir.

Além da minha própria análise das coisas, sempre que posso, gosto de ouvir outras pessoas antes de optar por um caminho. Recomendo que você considere agir assim também, que peça a opinião de outras pessoas do time, principalmente daquelas com uma visão diferente da sua. A responsabilidade quanto ao caminho selecionado é sempre do líder, mas a equipe pode, sim, participar do processo.

Decisão tomada, é hora de partir para a execução. Em primeiro lugar, procure envolver pessoas que realmente se comprometerão com a iniciativa. Se forem aquelas envolvidas no processo decisório, melhor ainda.

Importante destacar: sempre que você se vir sem saída, que não souber o que fazer, respire e procure pensar no que diria a um amigo que estivesse passando pela mesma situação. Essa é uma técnica recomendada ainda pelo escritor e especialista em vendas e comportamento humano nos negócios norte-americano Daniel

Pink². Como poderia ajudar essa pessoa? Que orientação daria? Seria capaz de fazer alguma recomendação? Trata-se de um modo de ver a situação de fora, como se você fosse um observador externo de si mesmo.

Como já comentei aqui, vejo muita arrogância nos gestores do agronegócio. São muitos os que não querem ouvir ninguém antes de decidir.

E por falar em soberba, é importante também que saibamos reconhecer a hora de agir e de recuar. E aqui vai um exemplo meu: enquanto escrevia este livro, tinha o plano de instalar painéis fotovoltaicos em todas as nossas fábricas, que passariam a ser autossuficientes em energia. Não desisti dessa ideia, mas entendi que ainda não é possível colocá-la em prática como pretendo.

O que fiz então? Escolhemos uma fábrica nossa para um projeto-piloto que prevê o uso do sol como fonte de energia em uma área específica, e que gerará a energia suficiente para o setor administrativo dessa unidade.

Principais erros

A seguir, para ajudá-lo a tomar decisões cada vez melhores, apresento aqueles que são, no meu ponto de vista, os principais erros na hora de fazer as suas escolhas. São eles:

- Não ouvir ninguém, supor que sabe tudo e que não precisa de orientação alguma.
- Tomar decisões 100% baseadas na sua intuição, sem levantar dados quantitativos e qualitativos importantes antes.
- Querer abraçar o mundo a partir de uma única atitude: cada decisão envolve esquecer outras coisas. E tudo bem assim.

- Não confiar em si mesmo: tomar uma decisão e voltar atrás por insegurança.
- Tomar uma decisão e não acompanhar o andamento dela.

Penso que, uma vez tomada a decisão, você deve partir para sua implementação. Faça a sua escolha e vire a página.

Para executar bem sua decisão, ou seja, fazer o que precisa ser feito, recomendo que você use o chamado *Ciclo PDCA*. Do que se trata? Trata-se de considerar as seguintes fases durante o processo de execução: *Plan, Do, Check e Act,* ou Planejar (elabore seu plano), Fazer (coloque o plano em ação), Verificar (acompanhe se a execução do plano está acontecendo conforme o planejado) e Agir (corrija o que não saiu conforme o planejado), em livre tradução do inglês. Na prática, o PDCA é um convite para você e seu time elaborarem um plano e colocá-lo em ação, por meio de planejamento, execução, pontos de checagem e redirecionamento da rota, se for o caso.

Na Cibra, usamos o PDCA no dia a dia sempre que vamos empreender algo ou implementar alguma melhoria. Primeiro, fazemos um plano de ação, estabelecemos os responsáveis, o cronograma etc. (Plan); os responsáveis começam a trabalhar no assunto (Do), e estabelecemos um cronograma de revisões periódicas (Check); é nessas reuniões de acompanhamento que são evidenciados os desvios ou contingências, e é decidido como corrigir ou adotamos uma nova estratégia para concluir o trabalho (Act).

Vou dar um exemplo de um grande projeto: a construção de uma fábrica. Primeiro, há um tempo de planejamento bem longo, onde são estabelecidas com muitos detalhes as etapas da construção, a necessidade de recursos (financeiros, pessoas, suporte, sistemas), são analisados os riscos, assim como é elaborado o projeto de engenharia em si, com todos os desenhos das construções, equipamentos etc. Com isso, elaboramos o Project, colocando cada etapa desse projeto num cronograma semanal, tudo isso antes de mexer numa pedra sequer. Todo mundo que será envolvido de alguma maneira no projeto deve ter ciência desses detalhes e do que se espera de cada um (Plan).

A seguir, a equipe já confirmada começa a trabalhar, faz contratos, compras, e a construção começa (Do). Desde o primeiro momento, o time responsável gera um relatório semanal de avanço, muito completo e sempre comparando o planejado versus o executado, e fazemos uma reunião semanal com os envolvidos para analisar o avanço do projeto e um relatório vai sendo preenchido e atualizado (Check). Normalmente, as coisas não acontecem como planejado, aparecem empecilhos, imprevistos e até surpresas positivas, coisas que andam melhor que o previsto. Os responsáveis tomam decisões e definem ações para corrigir a rota e voltar ao cronograma, ou fazem modificações no projeto (Act). Dessa forma, pouco a pouco, o projeto vai tomando forma e, em breve, teremos uma nova fábrica que apoiará o crescimento do negócio!

Seja um líder accountable em suas decisões

Um líder precisa ser responsável pelas suas atitudes. E isso faz toda a diferença quando o assunto envolve decisão. Nesse ponto, quero compartilhar com você um conceito que mudou a minha vida, o de **accountability.**

Do que se trata? Explicando de forma simplificada, a accountability é a capacidade de pegar a responsabilidade para si e gerar respostas com resultados. É assim que agem as pessoas accountable, aquelas que buscam sempre ir além e entendem ser responsáveis pelas consequências das suas ações e decisões. Na prática, é uma virtude moral que muitas pessoas vivenciam de maneira intuitiva, sem nem saber que isso tem um nome. Fazem o que é certo, se adaptam, estão prontas para resolver qualquer problema, não dão desculpas nem jogam para os outros as suas atribuições. Não é uma habilidade essencial para um bom líder?

Tive contato com o tema a partir do trabalho de consultoria de João Cordeiro, já apresentado a você em capítulos anteriores, um expert no assunto no Brasil, e da leitura de seus livros, *Accountability: A evolução da responsabilidade pessoal e o caminho da execução eficaz*[3], *e Desculpability: Elimine de vez as desculpas e entregue resultados excepcionais*[4]. O contrário de **accountability** é **desculpability**, ou seja, jogar a culpa no mundo, achar responsáveis pelo que deu errado em todo lugar: o clima, o governo, o colega, o mercado, a concorrência, e assim por diante. Quem realmente entende o conceito, adquirindo a noção de pegar para si a responsabilidade e gerar respostas com resultados, avança na carreira e na vida. Os horizontes se expandem, e você, naturalmente, vai querer sempre mais. O resultado é que nos tornamos melhores. Assim, te convido a refletir sobre isso.

E mais: quem tem accountability tende a ser mais comprometido com os outros e mais tolerante. Isso nos leva a ser mais colaborativos e gentis.

Seja você também um líder accountable. Ouça quem considerar que deve ouvir, mas banque as suas decisões.

Assumindo o risco

Em 2015, durante o processo de compra de uma empresa pela Cibra, foram muitos meses de análise e negociação, havia questões financeiras importantes a serem levadas em conta. Pensei muito, considerei tudo, ouvi até quem estava contra o negócio, liguei para os acionistas, fiz o que julguei ser o melhor. Assumi o risco e fechei o negócio. Os primeiros anos de operação foram muito difíceis, mas não me arrependo dessa aquisição. No final, deu tudo certo.

Anos antes, entre 2008 e 2009, quando ainda estava na Abocol, participei ativamente da compra de uma empresa no Caribe.

Uma transação muito tranquila. Já estávamos para assinar tudo quando o nosso diretor financeiro se deu conta de uma cláusula muito bem disfarçada no contrato que dava permissão aos vendedores para tirar caixa da empresa antes da venda. Sim, era um caso de má-fé por parte dos donos. O jogo virou, desistimos.

Uma negociação conturbada pode terminar bem, enquanto uma aparentemente tranquila pode dar em nada na reta final. Isso prova que, com informação de boa qualidade, intuição, atenção e flexibilidade para ouvir opiniões variadas, aumentam as suas chances de sucesso em qualquer decisão. Boa sorte!

No próximo capítulo, vamos falar do papel fundamental da comunicação para você ser um líder cada vez melhor.

CAPÍTULO 10

O líder comunicador

> *(...) no fundo, as pessoas só precisam de atenção. Essa clareza me ajudou a me comunicar melhor.*

Saber se comunicar é uma competência vital dos bons líderes. Não adianta, por exemplo, ter uma boa visão do negócio, ter estratégia e guardar tudo isso para si, não saber compartilhar.

E já vamos começar destacando que a comunicação excelente, na minha avaliação, não é apenas saber falar, mas também ouvir. E ouvir de verdade, com atenção e interesse no que o outro está dizendo, sem interromper o tempo todo para expor as suas ideias e apresentar soluções. Apenas deixe o seu interlocutor falar, praticando a chamada escuta ativa, aberta e atenta[1].

Saber ouvir desse modo transmite respeito, confiança, empatia por quem está falando. O vínculo é reforçado, o que ajuda a melhorar o desempenho de cada membro do time, da equipe como um todo e a resolver conflitos com mais facilidade.

E mais: ao escutar atentamente, você pode ter reflexões muito boas sobre si mesmo, aprender a ver as coisas de outro jeito, descobrir soluções diferentes para as questões de sempre.

Tudo fluirá melhor e você verá como essa prática fará a diferença na sua equipe e na sua liderança, que será fortalecida.

Nesse ponto, fui evoluindo com o tempo. Antes, falava o estritamente necessário, esperava ser ouvido e compreendido imediatamente. Levei um tempo para aprender a ouvir o outro. No começo, eu não tinha paciência, dava pouco espaço e disponibilizava pouco tempo para as pessoas colocarem seus pontos. Meus resultados como líder começaram a melhorar rapidamente depois que passei a dedicar o mínimo de tempo para escutar e prestar atenção nelas. Eu também, aos poucos, comecei a me abrir mais, a falar com mais calma, a explorar mais os assuntos e as minhas visões. Assim, como consequência de aprender a falar e a escutar, consegui compreender melhor como as pessoas são, como se torna muito mais fácil resolver os problemas. Os ruídos de comunicação dificultam a solução dos problemas, drenam energia dos envolvidos e até ampliam o tamanho e a complexidade de muitos deles.

Por falar em compreensão, recomendo a todos os líderes que busquem se comunicar da melhor forma com os seus times. A clareza na comunicação é fundamental e sempre deve ser um objetivo a ser buscado por você. Aos gestores estrangeiros, destaco a importância de falarem o idioma local. Antes de me mudar para o Brasil, fiz um curso de português na Colômbia por três meses. Tenho facilidade com línguas e por isso já cheguei aqui conseguindo me comunicar. Uma questão de respeito pela equipe, pela minha nova vida, por tudo. Simplesmente fui falando, escrevendo e aprendendo um pouco mais a cada dia. Mesmo cometendo muitos erros de fala e redação, nunca deixei de falar e escrever como os brasileiros. Não é porque sou estrangeiro que vou dificultar para as pessoas me entenderem. É minha responsabilidade cuidar para que todos compreendam o que eu digo e escrevo.

Conheço executivos de fora que moraram aqui por muitos anos e seguiam falando portunhol, nunca estudaram o português, e que não fizeram nenhum esforço nesse sentido. A partir da minha experiência, sugiro que você considere fazer o mesmo. Se o assunto é comunicação, procure se comunicar da melhor forma possível.

Isso vale também para a sensibilidade de entrar no mundo do outro. Você, líder do agronegócio, esqueça a formalidade se estiver numa fazenda, converse com os trabalhadores do campo com gentileza, a partir das referências deles, esteja aberto. Aprenda a falar a língua dos diferentes públicos com os quais você se relaciona.

O bom comunicador deve ter flexibilidade para adaptar sua forma de falar conforme quem o escuta. E aja assim tanto em atividades externas como dentro da própria empresa. Vejo muitos presidentes, empresários e diretores almoçando isolados, numa sala fechada longe do refeitório da empresa e não penso ser essa a melhor conduta de um líder. No meu entendimento, a gente tem mais é que se misturar com todo mundo, ouvir, falar, é o que eu procuro fazer para poder saber tudo o que está acontecendo na empresa e ainda contribuir com reflexões e propostas para solução de dificuldades e aproveitamento de oportunidades.

Seja flexível

Já comentei com você, alguns capítulos atrás, que ter tido contato com a ideia da adaptação, de tentar ver as coisas também pelo olhar do outro, mudou a minha carreira, abriu os meus horizontes.

Ser flexível se aplica perfeitamente à comunicação. Sempre que vou fazer uma apresentação na empresa para os gerentes, por exemplo, converso antes com os diretores para saber se o tom, a forma como eu pretendo me comunicar, que eu pensei para o encontro, está adequada, se eu vou me fazer entender. Confiro tudo antes, me adapto no que for necessário.

Na minha opinião, é essencial considerar diferentes estilos pessoais e ter flexibilidade para se adaptar ao outro na comunicação. Com isso, aumentam as chances de o seu interlocutor se abrir, escutar você, empenhar-se e oferecer o seu melhor. É criada uma empatia genuína. Mais que isso, é criado um canal, uma ponte com o outro.

As características do líder que se comunica bem

A seguir, destaco aquelas que são, a meu ver, as características essenciais de um bom líder que verdadeiramente sabe se comunicar:

- Consegue adaptar a sua comunicação a cada interlocutor.

- Chega com respeito na hora de conversar com qualquer pessoa e isso inclui apertar a mão, abraçar, fazer uma refeição juntos. Na América Latina, de modo geral, percebo que o toque reforça a sensação de igualdade e confiança.

- Tem o cuidado de se preparar antes de dialogar com cada tipo de pessoa e/ou público. Um papo com gerentes do setor financeiro, por exemplo, pede um vocabulário diferente de um encontro com profissionais de marketing e assim por diante.

- Não é impulsivo: consegue respirar, procurar entender o que foi dito, organizar suas emoções e só então responde.

- Valida a mensagem do outro após um questionamento. E isso pode ser feito com simplicidade, apenas querendo saber, dele, se ele quis dizer isso ou aquilo e se a sua pergunta foi, de fato, respondida por você.

- Sabe usar as pausas na comunicação a seu favor. Ficou irritado com algum comentário numa reunião? Pois saiba que um breve momento de alguns segundos de silêncio antes de começar a responder já ajuda você a se acalmar.

- É cuidadoso na comunicação: busca selecionar as palavras adequadas para falar, assim como atenta-se para o tom que usará (ou seja, cuida de seu jeito e postura ao se expressar), fazendo de tudo para que a sua mensagem seja ponderada e compreendida pelo maior número de pessoas possível.
- Entende que comunicação é troca, uma via de mão dupla que envolve falar e ouvir.
- Numa apresentação, ou mesmo numa reunião, tem o cuidado de agradecer pelas perguntas feitas, o que é sempre um convite para que as pessoas te ouçam com mais atenção e por mais tempo.
- É gentil e generoso em suas falas.
- Cuida de como seu "corpo fala", isto é, busca ter uma comunicação corporal alinhada, equilibrada e em sintonia com a comunicação verbal.
- Ao se comunicar por escrito, revisa o texto pelo menos uma a duas vezes antes de mandar a mensagem ou e-mail, prestando atenção a palavras que podem ser mal compreendidas e/ou gerar algum desconforto desnecessário. Busca sempre começar o texto com um cumprimento, nem que seja breve, como também terminá-lo com um agradecimento e despedida.

Como gentileza tem tudo a ver com sorrisos, recomendo ainda que, sempre que der vontade, que a alegria for sincera, sorria. Seja qual for a ocasião, não economize felicidade, permitindo que esse sentimento seja estampado no seu rosto.

No livro *Como Fazer Amigos e Influenciar Pessoas*[2], Dale Carnegie destaca que o sorriso ajuda a criar vínculo entre as pessoas. E que, se estamos sorrindo, o interlocutor consegue sentir isso até mesmo ao telefone.

Comecei a minha carreira no agronegócio como vendedor e lembro como era difícil lidar com pessoas arrogantes, daquelas que se acham o máximo por ocupar determinado cargo e terem uma renda alta, acima da média da maioria das pessoas.

Não era simples lidar com pessoas assim, mas hoje entendo que, na verdade, elas me ensinaram a me comunicar melhor, a me esforçar para ser compreendido de forma gentil. Como elas não tinham habilidade social, era eu quem tinha que ter.

Aprendi, com a minha experiência, que, no fundo, as pessoas só precisam de atenção. Essa clareza me ajudou a me comunicar melhor.

Essa é uma ideia que também está expressa no livro *Just Listen: Discover the secret to getting through to absolutely anyone*[3]. Em sua obra, Mark Goulston, psiquiatra e coach norte-americano, explica como é importante, em termos de comunicação, que sejamos mais interessados do que interessantes. Seja atencioso, demonstre interesse genuíno pelo outro, pergunte pela família, queira saber como ele ou ela está de verdade. Não dá para sentar-se à mesa de reunião ou fazer uma chamada em vídeo, olhar nos olhos, e dizer "tá bom, você tem cinco minutos para apresentar a sua ideia". Agindo assim, você não conseguirá estimular ninguém, pelo contrário.

No agronegócio, infelizmente, esse tipo de atitude ainda é muito comum.

Hora do feedback

O processo de feedback é fundamental para o desenvolvimento de qualquer profissional, incluindo aqueles em posição de liderança. Gestor nenhum vai longe se não souber dar e receber feedback.

O primeiro feedback, digamos assim, é aquele formal, organizado pela empresa e feito a partir de um roteiro, de uma avaliação com objetivos bem determinados.

Na Cibra, por exemplo, levamos em conta as competências e a adaptação ou não ao que chamamos de *Jeito Cibra de ser*. Temos todo um modelo de competências técnicas e comportamentais a ser observado.

As pessoas passam pelo processo, recebem esse retorno dos seus gestores, e elaboram um plano de desenvolvimento pessoal, que depois é acompanhado pela liderança.

Na minha avaliação, é muito importante que a sua empresa tenha isso organizado e que esse feedback oficial seja feito pelo menos uma vez ao ano, mas idealmente duas.

Além dele, há o retorno no dia a dia, que é um trabalho permanente. Faço isso em tempo integral com o meu time, sempre que sinto necessidade de pontuar alguma coisa. E abro espaço para que todos possam falar livremente sobre o meu trabalho também, sobre o modo como a empresa vem sendo conduzida.

E digo mais: dê feedback a respeito daquilo que não está bom e daquilo que está. A meu ver, é importante saber elogiar e valorizar o que está sendo bem-feito, o que também ajuda a construir uma relação de mais proximidade e atenção.

Eu, do meu lado, digo que recebo as avaliações dos outros a meu respeito com muita tranquilidade. Fui aprimorando isso ao longo do tempo, me sentindo mais confortável com quaisquer observações.

A seguir, alguns dos pontos que me guiam na hora de dar feedback:

- Prepare-se bem antes, saiba o que vai dizer.
- Nunca se esqueça daquele ditado popular que diz: "Elogie em público, corrija no privado."
- Seja respeitoso.
- Comece destacando os pontos fortes do seu colaborador, para depois indicar o que pode e deve ser aprimorado.

- Pergunte sempre o que a pessoa acha a respeito daquilo que você está dizendo.
- Não fale nada de caráter pessoal, como comentários sobre roupas, por exemplo.
- Peça ao colaborador para que ele também fale de você, que apresente um feedback a seu respeito.

Com um trabalho contínuo de feedback, você evita aquele tipo de situação chata na qual a pessoa é mandada embora e se sente pega de surpresa, sem nenhuma sinalização anterior.

Na Cibra, temos o cuidado de nunca demitir ninguém sem que antes tenham sido dados feedbacks específicos a respeito daquilo que deve ser melhorado, sem oferecer oportunidades de aprimoramento e evolução.

Acima de tudo, pense em como pode aprimorar, dia após dia, a sua comunicação, o modo como você dialoga com o seu time. Gritos, palavrões, esmurrar a mesa e fazer ameaças são atitudes de assédio moral que só tornam a relação entre vocês frágil, o que não é bom para ninguém. Em um contexto assim, os bons profissionais simplesmente vão embora. E aqueles que ficam trabalham com medo, não confiam em ninguém e nunca darão o seu melhor. Não dará certo num ambiente assim, concorda?

No próximo capítulo, vamos falar sobre desenvolvimento de lideranças, ou seja, o que você pode fazer para se tornar um líder excelente e contribuir para que membros de seu time, que estejam à frente de equipes, também melhorem enquanto líderes.

CAPÍTULO 11

Desenvolvimento de lideranças: como se tornar um líder excelente

> *(...) o desenvolvimento de um bom líder é um caminho para a vida toda.*

Se tivesse que dizer algumas palavras, orientar uma pessoa que deseja aprender a liderar bem, daquelas que fazem a diferença na qualidade do trabalho de sua equipe, começaria explicando que o desenvolvimento de um bom líder é um caminho para a vida toda. Uma jornada que, felizmente, não tem fim, afinal o bom líder nunca acredita que já chegou lá, tem a consciência de que está sempre em evolução, pronto para avançar e aprender mais e mais.

Posto isso, vamos destacar, nas páginas a seguir, aqueles pontos que são, a meu ver, os mais importantes para o desenvolvimento de lideranças. E isso sob o aspecto formal, como a realização de cursos e a leitura de bons livros, e informal, como o aprendizado adquirido no dia a dia ou a participação em programas de coaching e mentoria, por exemplo.

Escolha um modelo

Tenha alguém em quem se inspirar, um líder que você admire. Tente observar essa pessoa, estudar a sua trajetória, entender o que ela fez e faz para ser quem é, espelhe-se nele ou nela. Veja como toma decisões difíceis, como interage e trabalha com sua equipe. Escolha alguém que seja admirado pelo time, aquele gestor com quem as pessoas gostam de trabalhar.

Deixemos claro que esse é um trabalho de observação, de inspiração. Não é para querer imitar a pessoa, reproduzir exatamente os seus passos, mas entender o que está por trás de seu comportamento. Preocupe-se em descobrir os fundamentos e os princípios que norteiam a atuação dela. E pegue os fundamentos e princípios que façam sentido para você, buscando adaptá-los ao seu contexto.

Desde o início da minha carreira, sempre fui um observador dos bons líderes, ficando atento aos seus comportamentos. Foi aí que eu descobri: a liderança excelente deixa rastros, impacta quem está ao seu redor.

Pratique o hábito da leitura — isso te ajudará muito

Eu sempre li muito, pois sou curioso e gosto de aprender sobre diversos temas. Adoro História, então gosto muito de ler novelas históricas e livros que me tragam algum aprendizado nessa área. Desde que comecei a trabalhar, senti a necessidade de ler sobre assuntos de negócios. Já li vários livros que me influenciaram na minha carreira, e que me inspiraram a fazer algo diferente e a sonhar grande. Dos assuntos que mais gosto de ler, liderança é um deles. Não faltam livros interessantes sobre o assunto.

Eu sei que nem todo mundo gosta de ler, mas recomendo fortemente que você adote esse hábito. Comece aos poucos, lendo temas de seu interesse. Com o passar do tempo, você vai naturalmente ampliando seu leque de interesses e pegando gosto. Eu levo muito a sério esta frase do ex-presidente dos Estados Unidos, Harry S. Truman: *Not all readers are Leaders, but all Leaders are readers*, ou seja, "Nem todos os leitores são líderes, mas todos os líderes são leitores", em tradução livre feita por mim.

Também não é fácil escolher bons títulos entre milhares de livros disponíveis no mercado. Eu quero compartilhar com você alguns dos que mais me influenciaram e que podem ser úteis em seu desenvolvimento.

O primeiro deles é *Os 7 Hábitos das Pessoas Altamente Eficazes*[1], clássico de Stephen R. Covey. Gosto porque é uma obra que destaca práticas e princípios, que nos lembra da relevância de sermos proativos, termos objetivos em mente, fazer primeiro o que é mais importante, pensarmos no ganha-ganha, procurar primeiro compreender e depois sermos compreendidos, criar sinergia e afinar o instrumento, buscando avançar sempre.

Outra boa referência é *Who: The A method for hiring*[2], de Geoff Smart e Randy Street. Em livre tradução, seria algo como "Quem: O método A para contratar pessoas". Aqui, vale a reflexão sobre como é fundamental ter pessoas boas trabalhando para você, com orientações de como contratar bem. Bons líderes participam ativamente da contratação de pessoas para seus times e sabem que acertar nas contratações é meio caminho andado para um time performar bem. Lembrando que os melhores profissionais não são necessariamente os mais inteligentes, mas aqueles que rendem melhor trabalhando bem em equipe.

Como Fazer Amigos e Influenciar Pessoas[3] é outro trabalho muito conhecido. No livro, Dale Carnegie apresenta fundamentos, técnicas e traz orientações de como aprender o essencial da arte de se relacionar bem com o outro e, assim, evoluir como pessoa de forma simples e direta. Tem tudo a ver com a minha busca por ser um líder melhor a cada dia. Tenho certeza de que tem a ver com você também.

Ainda na seara dos títulos mais famosos, *Inteligência Emocional: A teoria revolucionária que redefine o que é ser inteligente*[4] nos ajuda a entender as nossas atitudes em relação aos outros e a lidar melhor com as nossas emoções e o impacto que elas podem causar em nossos relacionamentos no dia a dia de negócios. Requisitos fundamentais para o desenvolvimento de uma excelente liderança, certo? Se você não leu ainda, considere fortemente ler.

Execução: A disciplina para atingir resultados[5], de Larry Bossidy e Ram Charan, representou um marco na minha carreira, uma virada no meu modo de pensar. Na obra, os autores destacam o uso de ferramentas como o tripé estratégia, pessoas e processos. Na minha opinião, não há como liderar bem se você não dominar esse tripé.

Em *Comece pelo Porquê: Como grandes líderes inspiram pessoas e equipes a agir*[6], Simon Sinek nos lembra de que, antes de mais nada, precisamos saber qual é o nosso propósito de vida, o que nos move, qual o sentido por trás das nossas ações. Somente assim, segundo o autor, seremos prósperos de verdade e teremos condições de ajudar os membros de nossas equipes a enxergar o valor e o sentido de seu trabalho.

O próximo da lista é *Reinventando o Seu Próprio Sucesso*[7], de Marshall Goldsmith. Nele, refletimos sobre como os líderes podem lidar com problemas, dificuldades e situações desafiadoras de maneira mais eficaz.

Por fim, indico *Liderança de Alto Nível: Como criar e liderar organizações de alto desempenho*[8], de Ken Blanchard. É uma obra que aponta caminhos para construirmos ambientes de trabalho onde exista confiança e colaboração, reforçando a importância da liderança de alto nível nesse sentido.

Seja aplicado, leia mesmo, estude. Assuma a responsabilidade pelo seu desenvolvimento. Não espere que o seu superior ou o RH de sua empresa vá se responsabilizar e cuidar plenamente de sua evolução enquanto líder. A empresa pode até te apoiar, mas cabe a você responsabilizar-se, ser dono de seu desenvolvimento.

Fique atento às soft skills

Quem quer construir uma carreira como líder precisa estar atento às chamadas soft skills. A expressão em inglês é usada para descrever as habilidades comportamentais, principalmente interpessoais, que fazem toda a diferença nos relacionamentos[9].

Recomendo que você avalie, em primeiro lugar, sobre como anda a sua inteligência emocional. Você tem controle das suas emoções na maior parte do tempo? É capaz de manter a calma com o seu time? Como conversa e relaciona-se com as pessoas durante questões complexas? Você colabora de fato para a solução dos problemas ou deixa a equipe estressada e desgovernada? Toma decisões e depois volta atrás por insegurança e o time fica desnorteado?

Saiba que, cada vez mais, perde espaço os gestores que são nervosos, ansiosos, impulsivos e inseguros. Comece observando as suas atitudes diante de momentos de tensão, conte até dez, faça pausas, respire, entenda o que te faz sentir raiva e aprenda a lidar com essas situações, a identificar os seus limites para não os ultrapassar e perder a cabeça. Assédio moral é inaceitável, e a fronteira do nervosismo para a perda de controle pode ser tênue.

Outra dica importante para mim, em termos de comportamento, é a capacidade de ver o detalhe e também o todo. Amplie a sua visão das coisas, tanto aspecto micro como macro, procure mudar de perspectiva. Pare para analisar os desafios como se fosse um observador externo, como se estivesse fora da situação. As respostas aparecerão com muito mais facilidade.

Mais uma regra de ouro: não leve nada para o pessoal. Não vale a pena. Eu aprendi há bastante tempo que, nos negócios e no ambiente empresarial, não devemos misturar os sentimentos. Conheço muitas pessoas que se ofendem facilmente, pois acham que quando alguém tem um ponto de vista diferente, está fazendo uma crítica a essa pessoa e invalidando as suas próprias ideias. Na verdade, as melhores ideias surgem de discutir com maturidade pontos de vista divergentes, sem os envolvidos se sentirem criticados ou desqualificados.

Ainda entre os pontos de reflexão sobre as soft skills, não posso deixar de mencionar a nossa já conhecida accountability. Para mim, ter contato com o conceito e aprender a assumir as responsabilidades pelas minhas decisões e atitudes e ir além, oferecendo soluções, sempre foi crucial. Ao me tornar um líder accountable, desenvolvi ainda mais a minha autoconfiança e a minha coragem.

Aliás, preciso dizer que a minha fortaleza sempre foi a minha autoconfiança. Sou tímido, mas me torno confiante no exercício da liderança, na tomada de decisões, uma competência que fui desenvolvendo ao longo do tempo. Para se tornar autoconfiante, recomendo que você acredite em si mesmo, não se cobre demais e permita-se viver as situações, seguir em frente, apesar dos medos de que venha a sentir. Acredito que a nossa autoconfiança vai se fortalecendo conforme enfrentamos nossos problemas no dia a dia. Ajuda ainda a fortalecê-la você manter-se continuamente aprendendo e desenvolvendo-se, buscando obter novas habilidades e competências e estudando cada vez mais o seu mercado. Entenda que ninguém é perfeito e algumas coisas darão errado ao longo do caminho, mas você pode se levantar e avançar.

Nunca queira estar na posição de vítima, assuma as consequências dos seus atos. Com o tempo, você vai se habituando a esse lugar. E dele não vai querer mais sair.

Para aprimorar essas habilidades, para desenvolver ainda mais suas soft skills, não pense duas vezes em pedir ajuda e contratar suporte especializado. Tenha um coach, bons mentores, faça terapia, converse com outras pessoas que já viveram experiências diferentes, permita-se evoluir.

E nunca se esqueça: esse é um exercício diário, uma jornada para a vida inteira. O autoconhecimento te levará além e te fará um líder muito melhor.

No mais, lembre-se sempre de focar os valores básicos do bom convívio com o outro, sem nunca perder o foco do respeito, da empatia, da compaixão, de reconhecer que o outro é um ser humano com seus pontos fortes e pontos fracos, que podem ser trabalhados. Saiba ouvir, valorize a boa comunicação, ponto que, infelizmente, não é uma regra no agronegócio. Temos muito a avançar.

Aproveite as metodologias de gestão

O suporte técnico é sempre um aliado do seu trabalho, ajuda muito. Observe as metodologias de gestão disponíveis no mercado, avalie aquelas que mais fazem sentido para a sua empresa e o seu mercado, estude. Na Cibra, ao longo do tempo, temos adotado algumas metodologias de gestão como o método dos 5S, para fomentar a disciplina operacional e manter o ambiente de trabalho seguro, limpo e organizado. Nos últimos anos, temos aprofundado o uso de metodologias ágeis (*Lean management*, em inglês), como o uso da metodologia Scrum e a formação de squads (times multidisciplinares e autônomos para resolver problemas e trazer inovações), assim como a adoção da metodologia de acompanhamento de indicadores OKRs (*Objectives and Key Results*, em inglês, que significa *Objetivos Estratégicos e Resultados-chave*).

Esse estudo pode ser feito de modo formal, com a realização de cursos específicos, ou informal, por conta própria. Não faltam bons conteúdos no YouTube, por exemplo. A oferta de cursos online também é grande, basta saber filtrar os melhores. Como fazer essa seleção? Pedindo indicação aos amigos, pesquisando a respeito da experiência e histórico do facilitador ou da instituição que disponibiliza e assim por diante.

Considero fundamental que você na condição de líder entenda minimamente bem de finanças, gestão de pessoas, planejamento estratégico (como traçar objetivos e metas) e administre seus negócios com base em indicadores de performance.

Aprenda tudo o que puder, esteja atento ainda às novas tecnologias de criação, plantio e produção. Cuidado para não cair na armadilha do "sempre fizemos assim". O bom líder é curioso e busca se informar sobre tudo, ler artigos, revistas, jornais. Além disso, vê vídeos sobre temas variados e ouve podcasts.

Na minha rotina, tenho sempre um tempo para ler e estudar, não abro mão.

Saiba gerir o seu tempo

Outro ponto importante em termos de desenvolvimento da liderança é saber gerir bem o seu tempo. Não perca o foco na sua produtividade: defina prioridades diárias, semanais, mensais, trimestrais e anuais. Cuidado para não investir tempo demais em atividades que pouco ou nada contribuirão para resultados consistentes e sólidos. A chave de uma boa gestão do tempo não é decidir o que fazer e quando fazer, tentando encaixar a maior quantidade de atividades nas poucas horas do dia, mas o contrário: decidir o que NÃO fazer, e se dedicar às atividades que gerarão valor para você e para sua empresa.

Seja organizado. Somente quem é assim consegue dar conta da agenda, dos documentos, das demandas que não param de chegar. Sempre tive muita organização no trabalho. Tenho uma lista diária de tarefas que vou conferindo ao longo do dia. Também tenho momentos específicos para responder e-mails e mensagens e não me encho de reuniões, preciso de bons intervalos entre elas para poder pensar e tomar decisões importantes.

Organização é antecipação. Como líder, recomendo que você preste atenção nisso. Antecipar significa que, ao estar atento ao seu entorno e ao que está acontecendo no mercado ou mesmo dentro da própria empresa, você aja com determinação, seja proativo e tome decisões oportunas.

Aprender a delegar e a colaborar (sempre que necessário)

Delegue! Se não consegue fazer isso ainda, faça o seu melhor nesse sentido: aprenda a delegar. E procure entender algo importante: agir assim não é largar responsabilidades, distanciar-se, lavar as mãos e deixar para lá. Confie no seu time e peça retornos, deixe claras as suas expectativas e as metas a serem alcançadas. E mantenha-se sempre próximo de sua equipe, acompanhando a evolução do trabalho e de olho no que os indicadores de performance estão lhe mostrando.

Cercado de bons profissionais, de pessoas nas quais você confia, não há nada a temer. Acredite que elas serão capazes de dar conta do recado e dê autonomia e espaço para elas trabalharem. E se elas estiverem em apuros, elas te deixarão saber ou você mesmo, ao estar sempre atento aos detalhes, perceberá o momento certo de ajudá-las. Portanto, esteja sempre pronto para colaborar, para apoiar seu time quando necessário na busca das melhores soluções.

Veja o caso da Cibra. As nossas equipes são altamente produtivas e geram ótimos resultados porque são competentes e formadas por homens e mulheres muito qualificados do ponto de vista técnico e, ao mesmo tempo, são pessoas muito motivadas e engajadas, que têm autonomia para fazer acontecer, ousar, tomar decisões e executar. Não precisam ficar a todo momento perguntando aos seus líderes se fazem assim ou assado. E quando realmente não sabem como endereçar determinado assunto rapidamente buscam a colaboração de pares e superiores.

Os nossos objetivos são sempre muito claros e amparados por indicadores de resultados que nos ajudam a saber se estamos caminhando na direção certa.

E para encerrarmos o capítulo com chave de ouro, o especialista em cultura e pessoas, João Cordeiro, compartilha no box a seguir algumas sugestões e pontos de reflexão para você se tornar um bom líder de pessoas.

COMO SE TORNAR UM BOM LÍDER DE PESSOAS?

por **João Cordeiro**

Em primeiro lugar, ser um bom líder parte do desejo e da intenção de liderar. Muitas pessoas são promovidas, recebem o título, a remuneração, mas não entendem que precisam virar uma chave. Antes, elas tinham que fazer. Agora, um de seus principais papéis como líderes é fazer as pessoas de seu time fazerem. É bem diferente.

O bom líder deve estar disposto a construir uma cultura baseada na transparência e, às vezes, ter enfrentamento saudável. É necessário dar feedbacks francos e claros, para construir um alinhamento em prol da execução. É preciso ter conversas francas que nós, latinos, especialmente os brasileiros, muitas vezes evitamos ter. É preciso ser direto, transparente, mas sem perder o respeito.

E aqui compartilho um bom exemplo nesse sentido. Um colega consultor foi fazer um trabalho numa empresa alemã. Certo dia, ele foi conversar com o CEO da companhia. A reunião estava marcada para as 11h30 e ele chegou às 11h31.

Depois de recebê-lo com gentileza, o alemão quis saber o que tinha acontecido para ele não chegar no horário. Ele explicou que se perdeu no prédio, no acesso à sala do gestor. Foi quando ouviu do líder da companhia que ele havia se organizado para encontrá-lo, parado 20 minutos antes com as suas atividades para se preparar para o encontro. E disse que ele não ter se informado antes sobre como chegar havia sido um desrespeito. Para concluir, ainda perguntou o que ele poderia fazer para isso não acontecer novamente. No Brasil, esse nível de enfrentamento é raro acontecer. Atrasos muito superiores a um minuto são quase sempre tolerados e onde tem alta tolerância, tem baixo nível de transparência.

Mobilizar a equipe

Influência sobre os outros não vem com título, cargo ou uma bela sala. O que vem com tudo isso são sinais de poder. O quanto você mobilizará a sua equipe é outra história. Isso vem da intenção de deixar claro ao seu time para onde vocês estão caminhando, a relevância do trabalho de vocês para a empresa e as metas a serem alcançadas. Você mobiliza as pessoas também quando está disponível para orientá-las e trabalha junto com elas na busca de soluções para problemas mais complexos; quando dá autonomia para criarem e executarem dentro de suas possibilidades, sem criminalizar os erros que acontecerão; e quando proporciona condições para poderem colaborar e apoiarem-se mutuamente no dia a dia. É o desejo intencional de estar disposto a isso que faz o bom líder, mesmo sabendo que o enfrentamento e as conversas francas serão necessários de tempos em tempos.

Também é muito importante fazer a leitura do que acontece na sociedade, que está em transformação o tempo todo. Estar antenado para não liderar de forma inapropriada. Os novos hábitos, atitudes e comportamentos que as pessoas aprendem e absorvem no convívio social fora da empresa são trazidos para dentro da empresa. Se a sustentabilidade ambiental e a diversidade de pessoas, por exemplo, estão cada vez mais presentes na vida pessoal e social das pessoas, você, líder, deve estar atento a isso e criar condições para que esses temas estejam presentes no dia a dia de trabalho de seus colaboradores. Do contrário, você poderá perder talentos. As empresas que não se adaptam às transformações da sociedade ficam pelo caminho, sendo, hoje em dia, literalmente canceladas por colaboradores, clientes e outros stakeholders.

Mais um ponto fundamental para se tornar um bom líder: se interessar genuinamente em ajudar a desenvolver as pessoas. Ninguém chega 100% pronto tecnicamente e até mesmo do ponto de vista de formação ética e moral. Quando falo em desenvolver pessoas, o papel do líder é como o de um educador. Você deve contribuir, principalmente, para o crescimento individual em termos de soft skills. Quem lidera é cobrado por métricas e números, mas só terá resultados se focar as pessoas. É por meio das competências, habilidades, empenho e colaboração de todos, em um time, que os ótimos resultados são conquistados.

E aqui deixo uma recomendação: tenha tempo para entregar as metas e para cuidar das pessoas. Sugiro você dividir seu tempo da seguinte forma: 80% gerenciando a empresa, ou seja, olhando planilhas, controlando processos e 20% liderando o time, ou seja, orientando, motivando ou encorajando. Isso equivale a uma hora por dia ou um dia inteiro por semana. É chamar, conversar, se interessar em saber como a pessoa está, dar feedback e oferecer mentoria. Ou ajuste a proporção para 70% e 30%, dependendo do momento da empresa. Em períodos de fusões e aquisições, por exemplo, é preciso se dedicar mais às pessoas.

Se você é um líder que percebe a necessidade de fazer mudanças profundas na sua companhia para que ela continue competitiva e tenha perenidade no mercado, o próximo capítulo poderá te ajudar bastante com ideias e práticas de gestão. Nele, vou te contar como fizemos uma profunda reestruturação na Cibra e demos uma virada muito positiva nos negócios.

PARTE 4

GESTÃO DE EQUIPES DE ALTA PERFORMANCE E TRANSFORMAÇÃO ORGANIZACIONAL

- Em caso de problemas, envolva o seu time, fale abertamente sobre o que está acontecendo. As chances de encontrar uma ou mais soluções aumentam quanto maior for o envolvimento dos colaboradores.
- Seja humilde, esteja aberto às colaborações.

O princípio da Amazon

Dentro dessa linha de raciocínio, vale a pena destacar um dos princípios de liderança da Amazon, que se refere a estarmos abertos a novas ideias e criações internas, mas sem desconsiderar as ideias, criações e boas práticas de fora. Veja como a Amazon descreve esse princípio:

Invent and Simplify.

> *Leaders expect and require innovation and invention from their teams and always find ways to simplify. They are externally aware, look for new ideas from everywhere, and are not limited by "not invented here." As we do new things, we accept that we may be misunderstood for long periods of time.*[1]

Traduzindo:

Invente e Simplifique.

> *Os líderes esperam e exigem inovação e invenção de suas equipes e sempre encontram maneiras de simplificar. Eles estão conscientes externamente, buscam novas ideias de todos os lugares, e não se limitam pelo pensamento "isso não foi inventado aqui". À medida que fazemos coisas novas, aceitamos que podemos ser mal compreendidos por longos períodos de tempo.*

Esse princípio pode ser muito bem aplicado ao agribusiness. Isso significa construir a mudança nos dois sentidos: valorizar a mudança que nasce dentro da própria empresa e aquela mudança que nasce fora dela, a partir do benchmarking. Deve-se explorar diferentes áreas e fontes de conhecimento, de dentro e de fora do ambiente de trabalho.

Recomendo, inclusive, que você faça bom uso do networking e pergunte a quem você quiser, inclusive aos concorrentes ou aos seus vizinhos, como as coisas são feitas por eles. Reúna boas ideias e faça ainda melhor na sua organização.

No Vale do Silício, região que é referência em empreendedorismo para todo o mundo, empreendedores e colaboradores de empresas concorrentes almoçam juntos com frequência, trocam ideias e experiências; ou seja, praticam uma verdadeira colaboração, tomando o cuidado de preservar informações muito estratégicas.

No caso da Cibra, somos abertos a colaborar com outras empresas, por exemplo, emprestando ou pedindo emprestadas peças quando um maquinário quebra e a empresa não tem essa peça disponível para fazer a substituição; ou fazer visitas técnicas em outras fábricas.

Esteja aberto às possibilidades, às mudanças, como destacamos ao longo deste capítulo. Para que tudo fique ainda mais claro para você, compartilho a seguir alguns passos para que a sua empresa seja, verdadeiramente, aberta às transformações:

- A mudança é permanente e necessária, interiorize isso.
- Se você é um líder resistente ao novo, comece a mudar. Ter pessoas na equipe de cabeça aberta, que tenham flexibilidade em sua forma de pensar e agir, ajudará bastante.
- Tenha excelentes profissionais na sua equipe.
- Deixe claro para o time que você está aberto a novas ideias.

- Seja ambicioso.
- Tenha uma boa comunicação com as pessoas, seja claro, objetivo e transparente.
- Envolva o seu time na tomada de decisões.
- Não hesite em pedir ajuda para pessoas de dentro e fora de sua empresa.
- Seja você o exemplo da mudança.
- Confie, dará tudo certo!

No início da minha carreira como líder, eu era mais rígido. Fui mudando com o tempo, felizmente, pois percebi que realizar mudanças com o intuito de ser melhor é uma das principais razões para o sucesso das empresas do agribusiness no longo prazo.

Hoje sou confiante, cada vez mais. Ninguém muda de uma vez só, é sempre um processo. Ao longo do caminho, aceite que algumas coisas darão errado. E siga em frente, sempre.

No próximo capítulo, vamos falar da importância da internacionalização das empresas e a gestão de pessoas, assim como vamos trazer alguns fundamentos para internacionalizar seus negócios.

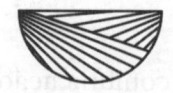

CAPÍTULO 17

Internacionalização de empresas e gestão de pessoas: alguns fundamentos

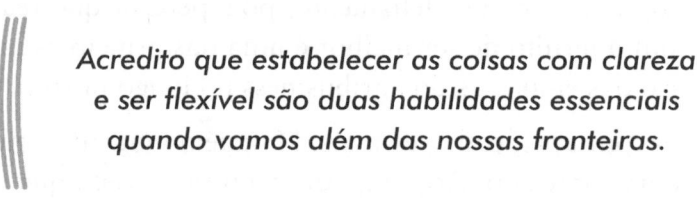

Acredito que estabelecer as coisas com clareza e ser flexível são duas habilidades essenciais quando vamos além das nossas fronteiras.

Vivemos num mundo globalizado de fato. Um cenário no qual fica difícil pensar em crescer sem contato com outros países. Muitos líderes ficam assustados com essa afirmação, começam a pensar que não darão conta do recado.

Vejo o processo de internacionalização de vários pontos de vista. Para começar, o Brasil é um país de dimensões continentais, e cada estado ou região tem uma estrutura de produção e abastecimento, assim como culturas e costumes diferentes, como se fossem outros países. Talvez para muitos empresários do agronegócio não faça sentido internacionalizar as suas empresas, no sentido de fazer negócios com companhias de outros países. Porém, mais cedo do que tarde, precisarão comprar ou vender algum produto fora do seu próprio estado. Muitos produtores rurais, por exemplo, plantam em vários estados, do Sul ao Norte do país, e com isso precisam lidar com ambientes desconhecidos e culturas diferentes. Então, entendo como primeiro passo da internacionalização atuar e realizar negócios com outros estados brasileiros.

A partir do momento que a sua empresa tem um maior porte e busca um maior patamar de crescimento, chega o momento de decidir partir para o exterior. Normalmente o primeiro pensamento que vem à cabeça é: vou precisar ter fábricas, escritórios, gerente, contador, toda uma estrutura montada no exterior? E aqui eu respondo: não. Esse, definitivamente, não é o primeiro passo a ser dado por quem quer se internacionalizar. Aliás, muitas vezes nem é necessário ter nada disso.

No caso do agribusiness, há muitas oportunidades. De acordo com o levantamento da Empresa Brasileira de Pesquisa Agropecuária (Embrapa), o Brasil produz uma quantidade de alimentos que atende a 800 milhões de pessoas em todo o mundo[1]. E deve se tornar, até 2026, o maior exportador mundial de grãos, título que hoje pertence aos Estados Unidos.

Segundo a Embrapa, na última década, a participação do Brasil no mercado mundial de alimentos passou de US$20,6 bilhões para US$100 bilhões. Entre os destaques desse comércio estão carne, soja, milho, café, açúcar, algodão e produtos florestais[2]. Entre 2000 e 2020, a produção brasileira de grãos cresceu 210%, enquanto a mundial aumentou 60%[3].

Conheço vários casos de empresas do agronegócio, que já deram o pulo e foram conquistar outros países. Um caso interessante de internacionalização é o da empresa Jalles Machado, de Goianésia, Goiás, que planta cana-de-açúcar e produz etanol, açúcar orgânico, energia e outros produtos. A companhia se tornou um exemplo de sucesso ao exportar açúcar orgânico para o exterior com todas as certificações esperadas para uma boa comercialização em países de todos os continentes[4].

Outra companhia brasileira, a BrasilAgro, adquire terras para transformá-las em fazendas modernas e altamente produtivas com o objetivo de produção e comercialização de grãos e de bovinos, assim como de valorização das áreas para futura venda. Como os preços de terras subiram muito no Brasil, a empresa identificou ótimas oportunidades de aquisição de áreas no Paraguai e na Bolívia por preços bem mais acessíveis, e assim o fez. Hoje, a BrasilAgro é dona de fazendas que são referências de produção nesses países[5].

Há alguns anos, por exemplo, recebi na Colômbia vários grupos de produtores rurais brasileiros interessados em adquirir terras na região colombiana de Altillanura. Alguns deles decidiram montar operações por lá.

Da minha experiência, posso falar que quando comecei a trabalhar na Abocol, na Colômbia, há mais de 25 anos, a empresa só vendia seus produtos em algumas regiões produtoras dentro do país. Eu liderei, junto com os meus colegas, o desenvolvimento de produtos para todas as regiões e culturas, chegando em pouco tempo a ter cobertura nacional. Depois, pouco a pouco, fomos expandindo o negócio para outros países. Primeiro, comecei viajando aos países vizinhos, Equador e Panamá, para identificar potenciais clientes interessados em adquirir os nossos produtos. Após alguns anos, tínhamos operações próprias em 8 países. O aprendizado desse processo nos preparou e deu coragem para desenvolver um fertilizante solúvel cuja produção não teria mercado na Colômbia e precisaríamos exportar 90% da produção. Criamos o produto e rodei o mundo abrindo mercados para ele e, quando me mudei para o Brasil, já exportávamos para 40 países dos 5 continentes.

No caso da Cibra, que produz fertilizantes, precisamos estar em contato com empresas de muitos países e culturas, pois importamos matérias-primas dos mais diversos lugares do mundo. Não é segredo para ninguém que fazer negócios no Brasil não é fácil, por conta da burocracia, sistema fiscal complexo e mudanças permanentes na legislação. Eu brinco que, se fazemos negócios no Brasil, somos capazes de fazer em qualquer lugar do planeta. Toda a complexidade de empreender aqui, toda a burocracia, nos ensina a lidar com as situações mais adversas.

A seguir, para ajudá-lo a começar a pensar na internacionalização da sua empresa, recomendo que você observe as dicas a seguir:

- Vá aos poucos, comece devagar. Comece visitando países vizinhos, observando os mercados, fazendo contatos e prospectando potenciais clientes ou fornecedores; faça um bom trabalho de investigação de mercados e faça os contatos com antecedência, peça referências de pessoas conhecidas e aborde esses contatos primeiro. Tudo isso antes de partir para viajar. Lembre-se: ninguém chega ao aeroporto de um lugar que não conhece, toma o primeiro taxista que apareça e pede a ele que descubra potenciais clientes e leve-o ao encontro desses prospects.

- Para isso, para prospectar novos mercados, nada melhor do que participar de feiras e eventos. Ocasiões nas quais você poderá fazer contatos ou apresentar os seus produtos.

- O idioma dos negócios é o inglês, pelo menos até agora. Portanto, é importante dominar essa língua. Prepare-se! Parece um requisito básico, mas, no agronegócio, não é comum encontrar empreendedores, empresários e executivos com fluência no idioma.

- Faça parcerias com distribuidores locais. Se as vendas externas avançarem, você pode montar um escritório pequeno depois.

- Viaje o mundo, circule, mas procure sempre conhecer e entender como as pessoas se relacionam em culturas diferentes da sua. Seja respeitoso e flexível. Pesquise sobre hábitos e costumes antes de participar de reuniões com estrangeiros.

Na Índia, por exemplo, certa vez me senti incomodado quando o diretor de uma empresa serviu um alimento com as mãos no meu prato, durante um almoço. Ele serviu a mim e a todos os outros executivos que estavam na mesa, pois é um hábito cultural deles. Não me senti confortável, mas comi, claro. Sabia que precisava me integrar, respeitar aquela prática.

Nós, brasileiros e latinos, gostamos muito de tocar, abraçar e falar alto, mas essas atitudes podem ser ofensas graves em algumas culturas.

- Procure ser mais formal, desde o trato respeitoso com as pessoas até na forma de vestir; é melhor pecar pelo excesso do que pela falta. Nada de sair por aí usando camisetas de time, por exemplo, nem falando piadinha, como já vi executivos no exterior, passando vergonha.

A partir de agora, já considerando que você decidiu internacionalizar a sua empresa, recomendo que você esteja atento aos pontos a seguir antes de começar a operar no exterior:

- Na hora de fechar acordos, deixe tudo registrado por escrito. Faça contratos claros, simples, bem-feitos. Esteja bem assessorado nos dois idiomas, o seu e o do outro país.
- No final de uma reunião de negócios, faça um e-mail resumindo os pontos tratados e os acordos, e peça para que esse e-mail seja respondido pela outra parte com "de acordo".
- Tenha bons advogados o orientando.
- Nos contratos, estabeleça que a resolução de eventuais conflitos seja feita numa Câmara de Arbitragem, o que é muito mais ágil do que entrar com uma ação nos Tribunais de Justiça comuns.
- Tenha o suporte de contatos locais que o ajudem a tirar dúvidas variadas, entender os costumes, a logística, a melhor forma de tocar a operação.

- Comprar uma empresa local no país de seu interesse é outra boa estratégia para crescer fora do Brasil.

E lembre-se: a liderança da sua empresa deve estar muito envolvida no projeto de internacionalização. É preciso, por exemplo, conhecer minimamente bem a realidade do mercado local onde sua companhia passará a fazer negócios. Para isso, será necessário fazer visitas a campo com frequência.

Quando eu era diretor comercial na Abocol, na Colômbia, cuidava dos negócios de nossa companhia em oito países. Para isso, viajava para um país diferente quase toda semana. Eram viagens que duravam três, quatro dias. Visitava os escritórios e ia para as regiões produtoras, conversava com os funcionários, com os clientes e, quando possível, com os concorrentes e fornecedores locais.

E, mais uma vez, como em todas as outras situações, cuidava da comunicação, de deixar tudo muito bem alinhado com os nossos parceiros internacionais. Acredito que estabelecer as coisas com clareza e ser flexível são duas habilidades essenciais quando vamos além das nossas fronteiras.

Equipes multiculturais

Quando uma empresa decide ter uma atuação direta no exterior, com uma equipe própria, como times formados por pessoas de diferentes culturas e nacionalidades podem trabalhar bem juntos? Como fazer essa integração?

Bem, o primeiro impulso é transferir a cultura da empresa que comprou ao time local, ou seja, passar "goela abaixo" o como a empresa gosta de fazer as coisas. Na minha experiência, isso é um grande erro, pois gera resistência, rejeição, além de ser uma falta de respeito com os líderes locais e a forma como conduzem os negócios. Mas já vi isso acontecer muitas vezes.

Conheça a fundo o negócio e como as coisas são feitas para identificar oportunidades de melhoria, sem esquecer que também pode se ter grandes aprendizados ao se adquirir uma empresa.

Não dá para transferir 100% da cultura organizacional que se tem no país de origem para a base no exterior. Os valores devem ser colocados, mas não se pode jogar fora aquilo que é importante e faz sentido no local, é preciso sentir as reações das pessoas. Em determinados países, a franqueza, por exemplo, pode ser mal interpretada. Por isso oriento você a ir criando rituais e sentindo a aceitação deles, ir introduzindo as novidades aos poucos.

Recomendo ainda escolher alguns de seus melhores líderes, aqueles que conhecem muito bem a organização e a sua cultura e que têm habilidades de liderança muito bem desenvolvidas, e enviá-los para a nova operação. Eles poderão ajudar muito no desenvolvimento e na implementação de um plano de integração tanto da operação quanto em termos de cultura organizacional.

Também vale para o bom senso diante do fuso horário, por exemplo, equilibrando as agendas e rotinas para que as reuniões não sejam feitas muito tarde para uns e muito cedo para outros.

Por fim, um último ponto importante para uma boa internacionalização é você pensar em formas de agregar valor ao seu produto antes de vendê-lo no mercado internacional. Do café, para citar um artigo clássico entre as exportações brasileiras, é possível desenvolver bens como cosméticos, versões premium do grão, produtos solúveis, entre muitas outras possibilidades.

E você, pretende destacar a sua empresa no cenário internacional?

Pense um pouco nisso antes de seguirmos para o próximo capítulo, que tratará de desenvolvimento contínuo de times de alta performance.

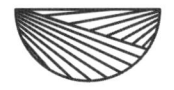

CAPÍTULO 18

Desenvolvimento de times de alta performance

> *(...) não é só esperar que a empresa faça a sua parte. Queremos pessoas que sejam accountable, protagonistas do próprio desenvolvimento.*

O desenvolvimento de um time começa com o crescimento contínuo de cada um de seus integrantes. Cada pessoa deve estar consciente de que precisa se desenvolver, ser proativa, assumir o papel de protagonista da própria carreira.

Entendo o desenvolvimento de equipes a partir de três dimensões: a individual, conduzida pelo próprio profissional, como destaquei acima; aquela que parte do líder em seu papel de promover o crescimento dos colaboradores; e a corporativa, que envolve a empresa em seu compromisso de cuidar da qualificação dos colaboradores, oferecendo programas de treinamento e aprendizagem.

O líder de alta performance deve avaliar sempre o que é preciso prover, a cada momento, aos integrantes dos times. E isso é feito a partir do que você observa de cada membro de sua equipe no dia a dia, dos feedbacks concedidos e das avaliações gerais, mais técnicas, feitas pela área de recursos humanos.

Recomendo que você, líder que lê este livro agora, pense nas competências que precisam ser trabalhadas ou aperfeiçoadas a cada momento. Sejam habilidades técnicas, sociais e comportamentais, entre outras. E aqui entram desde o inglês fluente e o domínio de ferramentas como Excel avançado até os cursos de preparação para futuros líderes.

Nas empresas do agribusiness, observo uma lacuna grande a ser trabalhada com as equipes principalmente no que se refere aos pontos a seguir:

- Boa capacidade de análise.
- Orientação para resultados.
- Comunicação.
- Senso de urgência.
- Adaptabilidade.
- Gestão do tempo.
- Proatividade.
- Autoconfiança.
- Visão estratégica.

Os pontos citados são competências essenciais para que os profissionais consigam progredir em suas carreiras e a sua falta vira um limitante na hora de assumirem desafios e responsabilidades mais complexas. Assim, tanto os próprios profissionais como os líderes devem prover ferramentas para o seu desenvolvimento.

Na minha avaliação, as áreas de recursos humanos junto com os líderes devem ter programas de desenvolvimento bem estruturados para trabalhar os temas citados anteriormente. Mesmo que não exista uma área de recursos humanos em sua empresa ou exista apenas o que antigamente conhecíamos como departamento de pessoal, você, que é líder ou dono do negócio, deve assumir integralmente o papel de avaliar e desenvolver o seu time. Isso pode incluir ações como trazer palestrantes, promover aulas sobre temas específicos, oferecer processos de coaching com objetivos definidos entre outros.

Iniciativas que envolvam apoio financeiro aos estudos também são importantes. Temos um programa assim na nossa empresa, o EducaCibra, por meio do qual oferecemos um orçamento anual para o pagamento de cursos de todos os níveis para os colaboradores: cursos técnicos, graduação, pós, MBA e assim por diante. É um investimento que vale muito a pena. Por isso, temos destinado um valor crescente para esse fim ao longo dos anos. Pedimos apenas que o curso escolhido tenha ligação com a área de trabalho do funcionário, que deve pagar 20% do custo de seus estudos, como forma de demonstrar comprometimento.

Vale lembrar que, no agronegócio, não é raro encontrar colaboradores que não concluíram sequer o ensino médio. As empresas precisam ajudar essas pessoas no seu desenvolvimento, incentivar que se qualifiquem.

Inclusive, quando identificamos que na Cibra tínhamos casos de pessoas que não sabiam ler e escrever com fluência e tinham vergonha de admitir isso, ou seja, eram analfabetos funcionais. Assim, fizemos parceria com o programa de Educação para Jovens e Adultos (EJA), do Ministério da Educação, e hoje oferecemos alfabetização para quem precisa.

Compartilho essa informação para que você entenda o quão básica pode ser a demanda em termos de desenvolvimento pessoal e profissional no agribusiness brasileiro.

Além da ajuda, com o pagamento dos cursos escolhidos pelos nossos colaboradores, também temos, internamente, na Cibra, um trabalho de treinamento permanente. Isso envolve inúmeras ações com duração de um ano ou menos focadas em temas técnicos do interesse de cada área. E como tudo deve ser medido, acompanhamos o indicador "horas de treinamento por funcionário", para termos consistência e oferecermos uma quantidade adequada de horas de treinamento de acordo com as necessidades de cada colaborador.

Educação e treinamento são, para nós, um valor. Fazemos o nosso melhor para que as pessoas tenham vontade de aprender. Incentivamos e queremos que nossos colaboradores cresçam cada vez mais por meio da aprendizagem e aperfeiçoamento contínuos. Além de nosso esforço e estímulo nesse sentido, conforme destaquei logo no início deste capítulo, depende muito também da vontade e atitude de cada um: não é só esperar que a empresa faça a sua parte. Queremos pessoas que sejam accountable, protagonistas do próprio desenvolvimento.

A accountability dos times

Não fica sentado esperando, muito pelo contrário, quem é accountable, tem consciência do seu papel e das suas potencialidades na empresa.

Lembra-se do conceito de accountability? É a capacidade de pegar a responsabilidade para si e gerar respostas com resultados. Quem é accountable age assim, tem senso de dono e quer sempre ir além das expectativas.

Considero a accountability uma virtude moral, uma consciência muito importante de ser trabalhada com os colaboradores. Fazemos isso por meio de palestras com consultores especializados, exercícios e práticas variadas.

Tenho orgulho de dizer que já interiorizamos a accountability na Cibra: nós chamamos de "senso de dono" e ela se tornou um de nossos valores. Quem não tem senso de dono, por exemplo, não se encaixa aqui. É tão forte esse valor entre nós que lidamos com ele com naturalidade. As pessoas sabem que terão mais espaço aqui à medida que se desenvolvam e assumam novos desafios. Isso já faz parte da nossa cultura.

Sucessão, confiança e cumplicidade

Se estamos falando de desenvolvimento, de aperfeiçoamento de pessoas, não podemos deixar de falar de sucessão.

Em muitas empresas do agronegócio, infelizmente, os processos de sucessão costumam ser por morte ou aposentadoria do líder. Em algumas é feito um planejamento adequado a respeito dessa transição.

Por isso recomendo que você, na sua empresa, comece um debate a respeito do tema. Para reter os melhores profissionais em sua empresa e não os perder para a concorrência, é muito importante que eles tenham oportunidades de crescimento.

O mesmo vale para o fortalecimento da confiança e da cumplicidade nos times. Não é comum que se fale abertamente sobre isso também. Gosto de realizar atividades externas, fora do ambiente da empresa, que ajudem a integrar as pessoas, para que elas possam criar mais sintonia. Exercícios com grupos pequenos, ou grandes grupos, são excelentes neste sentido se bem planejados e executados; podem propiciar momentos de diálogo, de escuta, de compreensão, de conhecimento da história de vida de cada um.

E aqui vale lembrar: um churrasco, um jantar informal, podem fazer mais pelo seu time do que muitas reuniões improdutivas, aquelas nas quais as pessoas não entendem o que estão fazendo ali.

Gosto muito mais de reuniões interativas do que um dia inteiro de palestras ou apresentações, embora isso seja necessário algumas vezes. Gosto do fator surpresa, reuniões nas quais se exponha o time a experiências novas e inesperadas, porque isso abre a cabeça. Só se deve ter muito claro o objetivo de cada encontro e planejar de acordo com tal objetivo. Já levei o meu time para exercícios outdoors, ao ar livre, e passamos dois dias dormindo num local simples. Já levamos o nosso time completo de liderança para fazer exercícios de desenvolvimento estratégico com jogos de montar modelos com peças de Lego®, por exemplo, brincar de quebra-cabeças com o manifesto do presidente e montar uma miniescola de samba com todos os membros do time tocando um instrumento e dançando em harmonia. Além disso tudo, gostamos também de organizar palestras com especialistas de fora e mesmo com diretores da casa.

A indicação de livros e leituras variadas também é sempre bem-vinda. Eu, pessoalmente, gosto de comprar e dar de presente para as pessoas alguns dos livros que eu leio e gosto. Destaco trechos e observações importantes e sugiro algumas reflexões e exercícios com base nessas leituras.

Já fiz isso com clássicos como *Os 7 Hábitos das Pessoas Altamente Eficazes*, de Stephen R. Covey[1], e *Execução*, de Ram Charan e Larry Bossidy[2]. Quero seguir fazendo sempre.

Vamos em frente. No próximo capítulo, será a hora de destacar liderança e propósito, assim como a importância da responsabilidade socioambiental de líderes e equipes.

PARTE 5

A EMPRESA HUMANIZADA E AS QUESTÕES SOCIOAMBIENTAIS (ESG)

CAPÍTULO 19

Liderança, propósito e responsabilidade socioambiental

> *O líder deve deixar um legado não só para os clientes, colaboradores e fornecedores da empresa, mas também para as comunidades próximas de sua empresa, para a sociedade como um todo e para o planeta.*

Este livro não estaria completo sem uma boa reflexão a respeito do tema deste capítulo. O nosso papel, enquanto líderes, vai além de focar apenas o crescimento dos negócios. Ultrapassa os muros da empresa e pode fazer a diferença na vida de muita gente.

Quando nos tornamos líderes, ganhamos o poder de mobilizar pessoas, entidades e recursos. A nossa influência se expande e depende de cada um como usará esse poder.

E digo mais: um líder tem poder de mobilização e de comunicação junto aos seus colaboradores. Ele é capaz de engajá-los por meio de sua influência e visão. Eu e a minha família somos privilegiados, assim como qualquer líder que esteja lendo este livro, já que temos um nível de educação e de remuneração acima de 90% da população. Consciente disso, senti a necessidade de ir além do meu trabalho, para ajudar a melhorar a vida de outras pessoas.

O líder deve deixar um legado não só para os clientes, colaboradores e fornecedores da empresa, mas também para as comunidades próximas de sua empresa, para a sociedade como um todo e para o planeta.

Fui compreendendo isso aos poucos e comecei a me envolver com causas sociais. Os primeiros passos dados nesse sentido foram com a minha família — minha esposa Adriana e meus dois filhos, Pablo e Manuela. Foram ações da nossa família.

Assim, comecei a descobrir o real propósito que vinha junto com a minha carreira, com o meu desenvolvimento profissional. Não parei mais e, há seis anos, comecei a ver como mobilizar a empresa também nesse sentido.

Foi quando decidimos criar o *Comitê de Responsabilidade Social da Cibra*. Uma iniciativa cujo objetivo é propor e executar ações em prol do coletivo, da ajuda ao próximo.

Na prática, desenvolvemos atividades variadas. Uma delas — que me orgulha muitíssimo e que eu e a minha esposa nos envolvemos pessoalmente, junto com voluntários de todas as áreas da empresa e de todas as fábricas, em parceria com a ONG Junior Achievement — é a nossa participação no programa de preparação para o mercado de trabalho de jovens de escolas públicas, em Salvador e outras cidades pelo Brasil onde a Cibra tem unidades fabris, como Camaçari, Paranaguá, Candeias, Uberaba etc. Vale lembrar que, no Brasil, a taxa de abandono escolar a partir dos 15 anos de idade é alta e em comunidades de baixa renda é problema muito sério: o tráfico de drogas e o dinheiro fácil, as necessidades da família, a baixa qualidade da educação e o fato de muitos pais não acreditarem que os filhos têm a possibilidade de progredir na vida, ou até ir a uma universidade, fazem com que muitos jovens deixem a escola nessa etapa. É esse o segmento em que a gente trabalha. Nós vamos às escolas, interagimos diretamente com os jovens, aplicamos programas desenvolvidos pela Junior Achievement como o "Conectados com o Amanhã" e o "Aprender, para quê?"[1], ou seja, trabalhamos com eles a importância e as vantagens de permanecer na escola. Só o abraço dessas crianças, ao acabar os programas, vale muito a pena.

Agentes de mudança

Queremos ser agentes de mudança e levar as pessoas junto. Em 2021, impactamos mais de 3 mil pessoas e vinte instituições com as nossas ações sociais. Mais de 70% do nosso time está envolvido no projeto "Gente que Transforma", participando de pelo menos uma ação social a cada ano.

Em nossas fábricas, adotamos uma instituição próxima e fazemos doações dos itens que ela mais precisa. Adotamos lar de crianças abandonadas e com deficiências, lares de idosos, ou lugares de pessoas carentes, por exemplo. Doamos ceias de Natal completas para algumas entidades assistenciais, temos uma campanha de doação de sangue onde grande parte do time participa e assim por diante.

Uma outra campanha muito legal e que tem ganho muita força é a coleta de tampinhas plásticas, de garrafinha de água e lacres de latinhas de refrigerante, por exemplo, as quais vendemos e, com o dinheiro arrecadado, compramos cadeiras de rodas, que doamos a pessoas ou instituições com essa necessidade. Temos um ponto de coleta em cada uma das nossas unidades fabris e coletamos, em cada reunião presencial, com o time que trabalha em home office. É incrível ver a mobilização das pessoas para trazer mais e mais tampinhas e lacres. Se vamos a um restaurante, pedimos ao garçom as tampinhas e, quando a gente explica o propósito, saímos do restaurante com um monte de tampinhas. Virou um hábito, que se expande a amigos e familiares dos nossos funcionários. A minha filha, por exemplo, instalou um desses pontos de coleta na escola e sei que alguns filhos de funcionários nossos fizeram o mesmo.

As cadeiras são entregues nas cidades das fábricas que mais coletaram as tampas. Para cada cadeira que conseguimos comprar, a Cibra doa uma cadeira adicional de seus próprios recursos.

Ao longo do ano, coletamos doações em dinheiro também. Fazemos várias campanhas e, há algum tempo, adotamos uma prática que nos ajuda a aumentar a arrecadação: se alguém chega atrasado a uma reunião, mesmo nas reuniões online, é convidado a pagar uma multa em dinheiro, valor que é sempre doado. Até hoje, ninguém se recusou a colaborar, mesmo não sendo obrigado a isso.

Os temas sociais são uma prioridade dentro da cultura organizacional da Cibra. A nossa área de Recursos Humanos, por exemplo, virou Diretoria de Gente e Sustentabilidade, de tão forte que o socioambiental é para nós.

É importante dizer que todo o tempo que os nossos colaboradores dedicam para ações e projetos de impacto social vêm de suas horas de trabalho, durante o expediente. Para nós, não basta investir apenas dinheiro no social. É fundamental investirmos o tempo de nosso time.

A responsabilidade social e ambiental é um dos nossos valores e o nosso time sabe disso. No Manifesto, que escrevi para a empresa, está expressa a importância de sermos conscientes do nosso impacto na sociedade e no planeta.

Buscamos a inovação, queremos liderar uma transformação no agronegócio brasileiro, um processo que gere impactos positivos.

Dentro do nosso compromisso socioambiental, temos também aumentado cada vez mais os investimentos em projetos que visam reduzir o impacto ambiental das nossas operações. Por exemplo, trocamos a matriz energética de nossa fábrica de Camaçari, que usava gás natural como combustível, para biomassa: agora, queimamos resíduos vegetais para gerar energia. Foi um investimento considerável, mas necessário nos tempos atuais.

Em Camaçari, construímos ainda uma estrutura imensa para a coleta de água na unidade. Hoje toda a água é reutilizada.

Também estamos instalando painéis fotovoltaicos para usar energia solar. O plano é que todas as nossas unidades de produção produzam a própria energia que consomem, pelo menos nas áreas administrativas, de forma completamente sustentável. São atitudes, escolhas que fazemos a partir do nosso propósito de crescer de forma sustentável. Nesse sentido, levamos o tema da governança ambiental, social e corporativa ou ESG (*Environmental, Social, and Corporate Governance*, da sigla em inglês) à diretoria.

Além disso, estamos elaborando um plano macro de ESG, um estudo grande a respeito de todas as nossas potencialidades nesse sentido. Um trabalho que envolverá todas as áreas da Cibra; queremos ser carbono zero e esse plano nos mostrará o caminho.

Também somos criteriosos na escolha de fornecedores e parceiros de negócios, nunca abrindo mão das boas práticas e da responsabilidade social por parte deles também. Não trabalhamos com empresas que prejudiquem o meio ambiente, desrespeitem a legislação trabalhista e coloquem a vida humana em risco, e fazemos campanhas permanentes de conscientização em sustentabilidade entre os nossos funcionários

Se estamos conscientes do nosso papel, do privilégio que é ocupar a posição de liderança que nós ocupamos, fica muito claro que seguir a legislação e pagar os impostos não é suficiente. Principalmente num mundo que cada vez mais precisa de nossa consciência e contribuição, e em que os clientes exigem cada vez mais comprometimento, respeito pelas pessoas e responsabilidade socioambiental das empresas. Deslizes e falhas de conduta são viralizados em tempo real nas mídias sociais, comprometendo a reputação e os resultados de qualquer companhia.

> Faça a coisa certa e comunique isso adequadamente para os seus consumidores.
>
> Tenha autoconsciência e conscientize as pessoas à sua volta. O líder precisa ter uma posição clara sobre as questões sociais e ambientais e ser capaz de esclarecê-las para os colaboradores.
>
> Trate a responsabilidade socioambiental como uma prioridade estratégica. Se você não agir assim, a perenidade dos negócios de sua empresa será comprometida.

Lembrando que tudo isso se cria por meio da cultura organizacional, do despertar dessa consciência nas pessoas. Invista, e os resultados surpreenderão você.

Dando sequência à nossa reflexão sobre pessoas, vamos destacar, no nosso último capítulo, os bastidores de uma empresa que vive e pratica uma gestão humanizada de pessoas.

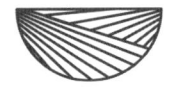

CAPÍTULO 20

A prosperidade está nas empresas humanizadas

A próxima revolução, que causará uma transformação positiva ainda mais profunda no nosso setor, é a revolução das pessoas. Invistamos em Liderança e Gestão de Pessoas e sigamos juntos em direção a ela!

A empresa humanizada é aquela que se preocupa genuinamente com a qualidade de vida dos colaboradores, incentivando um equilíbrio adequado entre trabalho e vida pessoal-familiar. Isso deve estar estabelecido como política na empresa.

Nesse cenário, os líderes precisam estar a serviço das pessoas, olhando para cada um dos colaboradores como eles realmente são em suas virtudes, defeitos e necessidades. Nem todo mundo pensa e age da mesma maneira. Por isso deve haver um olhar personalizado para os times, entender cada pessoa em seu contexto de vida.

Quando realizo entrevistas para a contratação de novos colaboradores, dedico a metade do tempo da entrevista a fazer perguntas sobre questões pessoais, principalmente aquelas relacionadas a valores e estrutura familiar. Quero entender o quanto os possíveis candidatos se adaptarão rapidamente e abraçarão a nossa cultura e se terão satisfação em trabalhar na nossa empresa.

Na Cibra, quando pensamos em treinamento e qualificação de colaboradores, levamos sempre em conta o que cada pessoa precisa desenvolver para ser um profissional e ser humano melhor. Fomos consolidando esse entendimento ao longo do tempo. Eu mesmo, em minha trajetória como líder, fui ampliando a minha compreensão a respeito do assunto à medida que ganhava experiência e via os resultados dessa humanização na prática.

Para me ajudar a explicar o que é e como funciona, na prática, uma empresa humanizada e verdadeiramente comprometida com o bem-estar e a evolução das pessoas, ninguém melhor do que a diretora de Gente e Sustentabilidade da Cibra, Cristina Oliveira. Psicóloga, ela trabalha com recursos humanos em empresas do agribusiness há 30 anos. Ela é uma executiva que entende como poucos a importância de investir em pessoas.

> Alguns pontos são fundamentais dentro da gestão humanizada. Numa seleção de profissionais, por exemplo, entendemos que os dois lados se escolhem. Contamos a história da empresa, explicamos o contexto em que atuamos e, claro, queremos saber se é isso que a pessoa quer para a carreira dela. Ouvimos o que cada candidato tem a dizer, assim como temos por hábito escutar os nossos colaboradores na nossa rotina e buscamos atender às suas mais diversas necessidades.

Como destacou a Cris, estamos sempre prontos para ouvir. Repudiamos a visão, ainda tão comum em muitas empresas, do colaborador apenas como um meio para o alcance de resultados. Pelo contrário: enxergamos o colaborador como uma pessoa que coloca as suas capacidades a serviço da empresa. Valorizamos isso e buscamos criar condições para que cada colaborador se sinta bem no trabalho e tenha orgulho de fazer parte de nossa empresa. Assim, incentivamos os nossos líderes a ter sensibilidade e atenção para as necessidades de cada um dos membros de seus times.

Na prática, muita informação é obtida pelos líderes a partir de ferramentas simples, como os feedbacks. Tanto aqueles estruturados como os informais, no dia a dia. Além disso, buscamos ter um canal de comunicação sempre aberto a partir das nossas práticas e rituais, como explica a Cris:

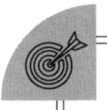

> *Quando organizamos o Café com o Presidente, por exemplo, as pessoas se sentem reconhecidas, valorizadas. Para muitos, é a realização de um sonho. Especialmente para aqueles que vêm de fora, viajam de avião até Salvador, onde fica o Santiago, e têm a oportunidade de conversar com ele sobre temas importantes do presente e do futuro da Cibra, sendo uma conversa íntima, aberta e informal.*

Foco na saúde

Outra ação que comprova o nosso foco nas pessoas é o cuidado com a saúde física e mental dos nossos colaboradores. Queremos que todos se cuidem e não questionamos ausências para ir ao médico ou ao dentista, por exemplo, e o nosso plano de saúde é um dos melhores do Brasil, cobrindo as necessidades de saúde de todos os nossos colaboradores de forma igual.

Também oferecemos ginástica laboral online. Sempre promovemos conversas sobre temas como estresse e burnout, alimentação saudável e alimentação segura, por exemplo. Desde o início da pandemia, em 2020, começamos a oferecer um serviço de psicologia online, pago pela empresa e disponível a todos os nossos colaboradores: o colaborador que desejar esse suporte pode ser atendido por um psicólogo para dividir, de forma totalmente confidencial, questões pessoais e/ou profissionais que o estejam afligindo.

E isso não é tudo:

> Percebemos que participar de ações de responsabilidade social, o que também é um valor para nós, faz muito bem para o nosso time, é algo que contribui para o bem-estar geral, que enche mesmo o coração das pessoas de significado e solidariedade.
>
> Nos meses mais críticos da pandemia da Covid-19, por exemplo, promovemos doação de alimentos, respiradores e itens de higiene pessoal.
>
> Além disso, cuidamos muito da saúde do nosso time, fomos rigorosos. Felizmente, não tivemos nenhum falecimento em nosso time em decorrência do coronavírus.
>
> Tivemos ainda o bom senso de fazer pausas no trabalho para que as pessoas pudessem observar o que estava acontecendo em suas casas. E não marcamos reuniões que entrassem em conflito com os horários das refeições.
>
> Um dos nossos gerentes, por exemplo, ficou unicamente responsável pelos cuidados com a filha durante o período de isolamento social, pois a esposa trabalhava na linha de frente do combate à Covid. Nesse caso, ele podia administrar o seu tempo para dar conta das demandas, tendo a oportunidade de fazer horários alternativos em sua jornada de trabalho.
>
> A atenção para a vida saudável segue até hoje, com muitas orientações sobre alimentação, estilo de vida, entre outras, usando principalmente os nossos DDEs e canais digitais para passar essas informações. Em nossos eventos e

> reuniões, o cafezinho nunca vem acompanhado de alimentos gordurosos, pelo contrário, optamos por escolhas mais saudáveis.
>
> Nossos workshops presenciais e encontros tradicionalmente começam com uma caminhada logo cedo de manhã. É gratificante ouvir das pessoas que a experiência foi tão boa que elas levaram o hábito para a vida.
>
> Acima de tudo, os nossos colaboradores sabem que são respeitados em sua individualidade, sendo quem são. Não somos uma empresa focada na lógica do controle do tempo: o nosso ponto central são as entregas. O gestor é o responsável por observar isso, sendo um pilar fundamental dessa relação de confiança. Nós sempre partimos dessa base, da premissa da confiança nas pessoas.

Além da confiança, procuramos promover na Cibra uma cultura de colaboração, na qual um apoie o outro.

Para nós é importante, por exemplo, que os nossos colaboradores tirem férias de 30 dias, que não abram mão do período completo de descanso a que têm direito. Prezamos tanto isso que já emprestamos dinheiro com desconto em folha para aqueles que disseram querer "vender" dez dias das férias por estarem precisando de dinheiro, mas não abrimos mão do seu direito de tirar o período de 30 dias de férias completo. Eu vejo que essa prática de "venda" dos dez dias de férias, amparada na legislação, acontece com frequência em boa parte das empresas do agronegócio. Os gestores acham muito ruim prescindirem do colaborador por 30 dias e preferem pagar pelas férias para que ele volte logo a trabalhar. Por falta de planejamento da estrutura de pessoas e pouca transparência e colaboração, não havendo mais ninguém que saiba fazer seu trabalho, o colaborador está sempre sobrecarregado de trabalho e não pode ficar longe da empresa por mais do que alguns dias.

Somos uma empresa de grandes sonhos, temos metas ambiciosas, porém não abrimos mão do equilíbrio profissional com a qualidade de vida do nosso time.

Dobrar de tamanho é uma meta permanente nossa, mas sempre consideramos o que cada um pode entregar, como cada equipe pode viabilizar isso. Não empurramos nada goela abaixo das pessoas. Nossos times abraçam os nossos planos e a nossa vontade de crescer.

Nesse contexto, como costumo dizer, o nosso melhor desempenho ainda está por vir:

> O nosso melhor ano é sempre o seguinte. Em 2026, teremos o dobro do tamanho que temos em 2023 e assim por diante.
>
> Para conseguir isso, precisamos de um olhar atento e contínuo para as nossas equipes. Somente assim será possível mudar comportamentos fora da curva, alinhando o que precisa ser alinhado.

Essa atenção faz parte da nossa cultura. Quantas vezes liguei para a Cris apenas para perguntar se estava tudo bem com determinado colaborador? E o que é melhor: ela sempre sabia a resposta, sempre me dizia o que estava acontecendo.

Entendemos a importância de estimular o desenvolvimento de cada um. E ficamos felizes com isso, celebramos cada conquista. Temos muitos colaboradores que começaram a trabalhar nas fábricas ou como assistentes e analistas em outras áreas e hoje são coordenadores e gerentes.

Se as pessoas avançam, a Cibra avança também. A todos é dada a oportunidade de evoluir.

E o que é mais bonito: os nossos colaboradores falam da Cibra mesmo fora da empresa, com orgulho. Segundo a Cris:

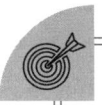

> *Em redes sociais como o LinkedIn e o Instagram, por exemplo, sempre há postagens falando da empresa. No último Café com o Presidente, todo mundo queria tirar foto com o Santiago e publicar nas redes sociais, falando do orgulho dessa conquista e do orgulho de fazer parte da empresa. Os colaboradores falaram que queriam a foto para mostrar para os familiares.*
>
> *Tenho 30 anos de trabalho em empresas do agronegócio e sei como é importante essa conexão. Comecei a minha carreira trabalhando em empresas familiares, que valorizavam as pessoas, sei como esse vínculo é importante e faz a diferença no desempenho das organizações.*
>
> *A empatia nos diferencia das máquinas.*

Concordo com a nossa diretora de Gente e Sustentabilidade e acredito que os líderes não podem perder a humanidade e o olhar para as pessoas.

Basta lembrar que no campo há muita ajuda e partilha. Precisamos apenas voltar para as nossas origens: lembrar-se de parar para conversar, de nos sentarmos para almoçar juntos, todos na mesma mesa.

O agribusiness no Brasil está experimentando uma revolução tecnológica, com inovações e avanços acontecendo o tempo todo e há muitas outras ainda por vir. A próxima revolução, que causará uma transformação positiva ainda mais profunda no nosso setor, é a revolução das pessoas. Invistamos em liderança e gestão de pessoas e sigamos juntos em direção a ela!

Conclusão

Agora que já percorremos toda uma trajetória junto, fizemos um aprendizado amplo em torno da liderança e da gestão de pessoas no agronegócio, sinto-me confortável para dizer: daqui a pouco, você já se sentirá numa bola de neve.

Mas uma excelente bola de neve, na qual você verá um caminho sendo construído diante dos seus olhos. Um caminho no qual, através das pessoas, você levará sua empresa e seus negócios para outros níveis de sucesso. Haverá dificuldades, sim, claro, mas é muito melhor trabalhar com transparência, boa comunicação, consciência e colaboração para lidar com os desafios. Lembre-se sempre: você tem condições de se tornar um ótimo líder e nada parará sua evolução, desde que você esteja comprometido em transformar sua companhia por meio da boa liderança e gestão de pessoas.

Como você já sabe, fui desenvolvendo, com o tempo, um estilo de gestão focado nas pessoas. Descobri que me faz bem trabalhar ao lado de quem gosta do que faz, admira a empresa e tem vontade de crescer e ser melhor; de estar próximo de colaboradores motivados, cheios de ideias e que sabem que são incentivados, respeitados e compreendidos em sua individualidade.

Desejo que você, a partir de agora, faça as suas próprias descobertas e coloque em prática as mudanças de gestão de pessoas necessárias à transformação de sua empresa. Que seja capaz ainda de transpor os muros da empresa e impactar cada vez mais pessoas ao redor.

Uma coisa eu garanto: hoje os meus desafios são muito maiores que aqueles com os quais era preciso lidar no início da minha carreira, mas, mesmo assim, trabalho com muito mais energia e gosto. Sei que vou dar conta e que estou muito bem acompanhado e respaldado por um time de feras. Assim fica mais fácil trabalhar.

O agronegócio brasileiro é um dos mais relevantes do mundo e tem tudo para seguir crescendo cada vez mais. Na minha análise, esse será um processo conduzido a partir do foco nas pessoas e na construção e gestão de times de alta performance; essa será a virada. Os negócios só avançarão daqui em diante apenas se colocarmos o desenvolvimento e o cuidado com os nossos colaboradores como prioridade estratégica.

Está nas mãos das pessoas o aumento da produtividade e a obtenção dos melhores resultados a partir do uso da tecnologia. Duas condições que serão mais bem executadas a partir do momento em que os colaboradores enxergarem sentido no que estão fazendo e estiverem trabalhando em companhias nas quais a cultura organizacional seja forte e amplamente aceita, valorizada e praticada.

Quem não tiver cultura forte, não sobreviverá.

Mas eu sei que esse não será o seu caso.

Vamos em frente.

Boa sorte, bom trabalho e boa liderança para nós!

Notas

Capítulo 1

1. EVANGELISTA, R. Veja 12 previsões acertadas pelos Jetsons sobre a tecnologia do século 21. Disponível em: https://www.uol.com.br/tilt/noticias/redacao/2020/05/04/11-previsoes-que-os-jetsons-acertaram-sobre-a-tecnologia-no-seculo-21.htm. Acesso em: 14 mar. 2021.
2. Saiba mais em: https://bit.ly/35RIXfE.
3. Panorama do Agro. Disponível em: https://www.cnabrasil.org.br/cna/panorama-do-agro.
4. Disponível em: https://bit.ly/3Jlq0Qa.
5. Ibidem.
6. Ibidem.
7. Ibidem.
8. Disponível em: https://bit.ly/3JqLVFK.
9. Nossa carne nas mesas do mundo. Disponível em: http://abiec.com.br/. Acesso em: 15 mar. 2022.
10. JANONE, L.; BARRETO, E. Em 2030, o Brasil representará quase um terço das exportações mundiais de carne bovina. Disponível em: https://www.cnnbrasil.com.br/business/em-2030-brasil-representara-quase-um-terco-das-exportacoes-mundiais-de-carne-bovina/. Acesso em: 15 mar. 2022.
11. As iniciativas do agronegócio para resolver os problemas de logística. Disponível em: https://summitagro.estadao.com.br/noticias-do-campo/as-iniciativas-do-agronegocio-para-resolver-os-problemas-de-logistica/.

Capítulo 3

1. CORDEIRO, J. Culturability. Rio de Janeiro: Editora Alta Books, 2022.
2. Ibidem.
3. SCHEIN, E. Organizational Psychology. New York: Prentice-Hall, 3rd edition, 1980.
4. NADELLA, S. Satya Nadella: The C in CEO Stands for Culture. Disponível em: https://www.fastcompany.com/40457741/satya-nadella-the-c-in-ceo-stands-for-culture.
5. Disponível em: https://www.microsoft.com/pt-br/about.
6. Disponível em: https://conteudos.xpi.com.br/wp-content/uploads/2022/02/MSFT34-2.pdf.
7. NADELLA, S. Aperte o F5: a transformação da Microsoft e a busca de um futuro melhor para todos. São Paulo: Editora Benvirá, 2018.
8. COLLINS, J.; PORRAS, J. I. Feitas para durar: Práticas bem-sucedidas de empresas visionárias. Rio de Janeiro: Editora Alta Books, 2020.

Capítulo 4

1. Conheça mais em: https://www.chick-fil-a.com/about/who-we-are.
2. SINEK, S. Comece pelo porquê: como grandes líderes inspiram pessoas e equipes a agir. Rio de Janeiro: Editora Sextante, 2018.
3. COVEY, S. R. Os 7 Hábitos das Pessoas Altamente Eficazes: lições poderosas para a transformação pessoal. Rio de Janeiro: Editora BestSeller, 2017.

Capítulo 5

1. Saiba mais em: https://www.greatplacetowork.pt/consultoria-em-cultura/pesquise-analise-e-melhore-a-sua-cultura.
2. BUCKINGHAN, M.; COFFMAN, C. Quebre Todas as Regras: os melhores gerentes não têm medo de subverter os lugares-comuns do mundo empresarial. Rio de Janeiro: Editora Sextante, 2011.
3. NPS: como as maiores empresas do mundo medem a satisfação de seus clientes. Disponível em: https://endeavor.org.br/estrategia-e-gestao/nps/.
4. CORDEIRO, J.; ZONZINI, D. Culturability. Rio de Janeiro: Editora Alta Books, 2022.
5. CORDEIRO, J. Desculpability: Elimine de vez as desculpas. São Paulo: Editora Évora, 2015.

Capítulo 6

1. FOX, A.; FOX, B. Optimismo Total. Cidade do México: Selector, Actualidad Editorial, 1992.

Capítulo 8

1. BOSSIDY, L.; CHARAN, R. Execução: A disciplina para atingir resultados. Rio de Janeiro: Editora Alta Books, 2019.

Capítulo 9

1. SMITH, E. S. Mente Intuitiva: O poder do sexto sentido no dia a dia e nos negócios. São Paulo: Editora Évora, 2013.
2. 6 técnicas para aumentar a produtividade. Disponível em: https://empreendedor.com.br/noticia/6-tecnicas-para-aumentar-a-produtividade/. Acesso em: 03 jun. 2022.
3. CORDEIRO, J. Accountability: a evolução da responsabilidade pessoal e o caminho da execução eficaz. Rio de Janeiro: Editora Alta Books, 2023.
4. CORDEIRO, J. Desculpability: elimine de vez as desculpas e entregue resultados excepcionais. São Paulo: Editora Évora, 2015.

Capítulo 10

1. BLOCK, V. Por que a escuta ativa é uma habilidade tão rara entre as lideranças? Disponível em: https://valor.globo.com/carreira/coluna/lideres-precisam-aprender-a-ouvir-de-verdade.ghtml.
2. CARNEGIE, D. Como Fazer Amigos e Influenciar Pessoas. São Paulo: Companhia Editora Nacional, 2012.
3. GOULSTON, M. Just Listen: Discover the Secret to Getting Through to Absolutely Anyone. Nova York: American Management Association, 2015.

Capítulo 11

1. COVEY, S. R. Os 7 Hábitos das Pessoas Altamente Eficazes. Rio de Janeiro: Editora BestSeller, 2017.
2. SMART, G.; STREET, R. Who: The A method for hiring. Bearsville: Ballantine Books, 2008.
3. CARNEGIE, D. Como fazer amigos e influenciar pessoas. São Paulo: Companhia Editora Nacional, 2012.

4. GOLEMAN, D. Inteligência Emocional: a teoria revolucionária que redefine o que é ser inteligente. Rio de Janeiro: Editora Objetiva, 1996.
5. BOSSIDY, L.; CHARAM, R. Execução: a disciplina para atingir resultados. Rio de Janeiro: Editora Alta Books, 2019.
6. SINEK, S. Comece pelo porquê: como grandes líderes inspiram pessoas e equipes a agir. Rio de Janeiro: Editora Sextante, 2018.
7. GOLDSMITH, M. Reinventando o seu Próprio Sucesso. São Paulo: Editora Elsevier, 2007.
8. BLANCHARD, K. Liderança de Alto Nível: como Criar e Liderar Organizações de Alto Desempenho. Porto Alegre: Editora Bookman, 2019.
9. GARCIA, A. Escassez de mão de obra qualificada no Brasil atingiu 81% em 2022, diz pesquisa. Disponível em: https://www.cnnbrasil.com.br/business/escassez-de-mao-de-obra-qualificada-no-brasil- atingiu-81-em-2022-diz-pesquisa/.

Capítulo 12

1. Saiba mais em: https://gptw.com.br/ranking/sobre/.
2. Cibra vence Prêmio Empresa Inspiradora. Disponível em: https://www.cibra.com/noticias-agricolas/noticias/cibra-vence-premio-empresa-inspiradora/. Acesso em: 06 jul. 2022.
3. Quem somos. Saiba tudo sobre a gente. Disponível em: https://www.cibra.com/quem-somos/#nossa-historia.

Capítulo 13

1. Engajamento dos funcionários: qual o papel do líder nesse sentido? Disponível em: https://gptw.com.br/conteudo/artigos/engajamento-dos-funcionarios/.
2. From "Why?" to "What?". Insight turned into action. Disponível em: https://www.mbtionline.com/en-US/How-it-works/How-it-works.

Capítulo 14

1. Ferramenta: Definição de metas para PMEs. Disponível em: https://www.sebrae.com.br/Sebrae/Portal%20Sebrae/Anexos/ME_Definicao_de_Metas.PDF.

Capítulo 16

1. Disponível em: https://www.jobsatamazon.co.uk/leadership-principles#/.

Capítulo 17

1. Embrapa: Brasil será maior exportador de grãos do mundo em cinco anos. Disponível em: https://agenciabrasil.ebc.com.br/economia/noticia/2021-03/embrapa-brasil-sera-maior-exportador-de-graos-do-mundo-em-cinco-anos.
2. Ibidem.
3. Ibidem.
4. Conheça mais em: https://ri.jallesmachado.com/institucional/perfil-corporativo/.
5. Saiba mais em: https://ri.brasil-agro.com/brasilagro/portfolio-de-propriedades/.

Capítulo 18

1. COVEY, S. Os 7 hábitos das pessoas altamente eficazes: lições poderosas para a transformação pessoal. Rio de Janeiro: Editora BestSeller, 2017.
2. CHARAN, R.; BOSSIDY, L. Execução: a disciplina para atingir resultados. Rio de Janeiro: Editora Alta Books, 2019.

Capítulo 19

1. Saiba mais em: http://www.jarn.org.br/programas.php.

Índice

A

accountability 94–95, 110–111
  nos times 164
agilidade 37–38
agribusiness 11, 138
  cultura 36
  mudanças no 152
  profissionalização 18
alta performance 128–129
Amazon 151
aperfeiçoamento de pessoas 165
aquisições 95
autorresponsabilidade 83–84

B

benchmarking 152

biocombustíveis 12–13
BrasilAgro 155–157

C

celebrações em grupo 23
CibraCoin 144–145
clientes 61
clima organizacional 58–59
  pesquisas de 58
colaboração 37–38
comando-controle 80
comércio internacional 13–14
comida
  produção de 12–13
comunicação 98–99
confiança 133, 165

coragem 37–38

crescimento
  oportunidades de 132–133, 148

cultura
  definição 33–36
  de negócios 33
  importância da 38–39

cultura organizacional 40
  atualizações da 56
  cuidados com 55
  diagnóstico 58–59
  e clima 58–59
  fit cultural 127–129
  flexibilidade 41–42
  linguagem 41–42
  manifesto 44
  propósito 42
  rituais 51
  visão 42

cumplicidade 133, 165

D

Dale Carnegie 101–102, 107–108

Daniel Pink 91–92

desculpability 63

diversidade 128–129, 132–133

E

Edgar Schein 34–36

educação 18–20

engajamento 131–132, 132

equidade 132–133

ESG (Environmental, Social, and Corporate Governance) 173

Eugene Sadler Smith 90–91

F

feedback 78, 91, 102

feeling 90

financiamentos
  estrutura de 19–20

flexibilidade 38
  e comunicação 99–100

fornecedores 61

Franklin Covey 77–78

G

gestão da mudança 150

gestão de negócios 27–28

gestão de pessoas 19, 23, 183

gestão do tempo 112

H

hackatons 144–145
home office 149–150

I

incertezas 89–90
inovação 38, 142
inteligência emocional 109–111
internacionalização
   dicas para 157
   equipes multiculturais 159
   fundamentos da 154–157

J

Jim Collins 35–36
João Cordeiro 34–36, 48, 62
Jorge Bernal 82

K

Ken Blanchard 108

L

Larry Bossidy 108, 166

leitura 106
liderança 19–20, 77–78
   alta performance 131
   cumplicidade 133
   delegar 113
   de pessoas 25
   e comunicação 100–101
   falhas na 87
   julgamentos 86
   metodologias 111
   modelo de 106
   principais erros 92
   princípios da Amazon 151
   soft skills 109
logística 19–20

M

Mark Goulston 102
Marshall Goldsmith 108
MBTI, metodologia 128–129
metas ambiciosas 132–133
metodologias ágeis 111
metodologias de gestão 111
mindset
   mudança de 143
motivação 131–132
multiculturalismo 159

N

negociações 95

Net Promoter Score (NPS) 62

O

obsessão pelo cliente 38

OKRs (Objectives and Key Results) 111

P

parceiros
  satisfação dos 61

PDCA, ciclo 93-94, 147

pesquisas internas 58

PIB 13-14

política macroeconômica 19-20

produtividade total dos fatores 16-17

propósito 42

R

Ram Charan 108, 166

Raymond Williams 34-36

respeito 37-38, 38

responsabilidade social e ambiental 172-173

  agentes de mudança 171

resultados da empresa 61

reuniões 23

revolução tecnológica 21

rituais 51

rotatividade de funcionários. Consulte turnover

S

Satya Nadella 34-36

saúde dos colaboradores 177

Scrum, metodologia 111

segurança energética 12-13

senso de dono 37-38, 164

Simon Sinek 42, 108

simplicidade 37-38

simplificação 151

soft skills 109

Stephen R. Covey 43, 107-108

sucessão 165

sustentabilidade 20, 124-125

T

tecnologia 18

times
  construção de 129

tomada de decisões 89
  accountability 94
  ansiedade na 91
  dados para 90
  principais erros 92
  riscos 95

transparência 37–38

turnaround 66

turnover 60–61, 127–129

V

Vale do Silício 152

visão 42

vitimização 62

W

Work From Anywhere (WFA), modelo 148–150

Projetos corporativos e edições personalizadas
dentro da sua estratégia de negócio. Já pensou nisso?

Coordenação de Eventos
Viviane Paiva
viviane@altabooks.com.br

Contato Comercial
vendas.corporativas@altabooks.com.br

A Alta Books tem criado experiências incríveis no meio corporativo. Com a crescente implementação da educação corporativa nas empresas, o livro entra como uma importante fonte de conhecimento. Com atendimento personalizado, conseguimos identificar as principais necessidades, e criar uma seleção de livros que podem ser utilizados de diversas maneiras, como por exemplo, para fortalecer relacionamento com suas equipes/ seus clientes. Você já utilizou o livro para alguma ação estratégica na sua empresa?

Entre em contato com nosso time para entender melhor as possibilidades de personalização e incentivo ao desenvolvimento pessoal e profissional.

PUBLIQUE SEU LIVRO

Publique seu livro com a Alta Books. Para mais informações envie um e-mail para: autoria@altabooks.com.br

/altabooks /alta-books /altabooks /altabooks

CONHEÇA OUTROS LIVROS DA **ALTA BOOKS**

Todas as imagens são meramente ilustrativas.